UMA FAÍSCA DE IMAGINAÇÃO

Marty Sklar
Disney Legend e embaixador da Imagineering

UMA FAÍSCA DE IMAGINAÇÃO

Os 10 Mandamentos da Disney e os segredos dos Imagineers

Tradução
Cecília Dourado

Benvirá

SOMOS EDUCAÇÃO | Benvirá

Av. das Nações Unidas, 7221, 1º Andar, Setor B
Pinheiros – São Paulo – SP – CEP: 05425-902

SAC
0800-0117875
De 2ª a 6ª, das 8h às 18h
www.editorasaraiva.com.br/contato

Presidente	Eduardo Mufarej
Vice-presidente	Claudio Lensing
Diretora editorial	Flávia Alves Bravin
Editoras	Debora Guterman Paula Carvalho Tatiana Allegro
Produtoras editoriais	Deborah Mattos Rosana Peroni Fazolari
Suporte editorial	Juliana Bojczuk

Preparação	Luiza Thebas
Revisão	Tulio Kawata Sandra Kato
Diagramação	Nobuca Rachi
Adaptação de capa	Eduardo Amaral
Imagem de capa	Gary Krueger
Impressão e acabamento	Corprint Gráfica e Editora Ltda.

ISBN 978-85-5717-161-9

DADOS INTERNACIONAIS DE CATALOGAÇÃO NA PUBLICAÇÃO (CIP)
ANGÉLICA ILACQUA CRB-8/7057

Sklar, Marty
Uma faísca de imaginação: os 10 Mandamentos da Disney e os segredos dos Imagineers / Marty Sklar ; tradução de Cecilia Dourado. – São Paulo : Benvirá, 2017.
248 p.

ISBN 978-85-5717-161-9

Título original: *One Little Spark*

1. Walt Disney Company 2. Imagineers (Grupo) 3. Criatividade 4. Sucesso nos negócios 5. Parques de diversões – Serviços ao cliente I. Título II. Dourado, Cecilia

17-1200 CDD-791.068
CDU-791.7

Índices para catálogo sistemático:

1. Parques de diversões : Sucesso nos negócios

Editado originalmente por Leslie Sklar.

1ª edição, 2017

EDITAR 16089 CL 670665 CAE 622661

Para John Hench, Herb Ryman, Richard Irvine
e todos os meus mentores na Walt Disney Imagineering.
Esses Disney Legends me ensinaram a "fórmula mágica",
e desde então venho espalhando pó mágico em memória deles.

E para Leslie Sklar, Rachel e Jacob Dahan, Howard Sklar,
Katriina Koski-Sklar e Gabriel e Hannah Sklar.

E para o único e exclusivo amor da minha vida,
Leah Gerber Sklar, que fez da minha carreira
e vida um sonho que se tornou realidade.

Agradecimentos

Como a dedicatória deste livro indica, tenho uma grande dívida com os Imagineers – tanto os do passado quanto os do presente. Walt Disney criou a organização Imagineering, então chamada WED Enterprises (iniciais de Walter Elias Disney), em 1952, para trabalhar com ele na criação da Disneylândia. Nos seus mais de sessenta anos de história, os Imagineers se tornaram uma das equipes de design mais admiradas do mundo, responsáveis pela criação e construção de todos os doze parques Disney e seus resorts complementares em três continentes ao redor do mundo. Bilhões de pessoas, literalmente, já vivenciaram a diversão e a magia que saíram das pranchetas dos Imagineers ao longo dessas mais de seis décadas.

É uma grande emoção para mim servir, através deste livro, de ponte entre meus mentores – a equipe original reunida pelo próprio Walt – e os atuais Imagineers, muitos dos quais fizeram parte da equipe que eu tive o privilégio de dirigir como presidente e, depois, como vice-presidente do conselho de administração e principal executivo de criação.

Estou animado com a ideia de usar este livro para abrir as portas a este grupo de talentos tão especial, usando palavras, pensamentos, experiências e bons conselhos de 75 Imagineers – além dos meus, claro! Se você é um aspirante a Imagineer, ou um pai, avô ou amigo interessado em aconselhar um talento muito especial, sei que vai encontrar neste livro uma fonte valiosa de inspiração e motivação.

Também tenho uma grande dívida com as pessoas que desempenharam papéis fundamentais para transformar este livro em realidade. Essa lista começa com a minha editora favorita da Disney Editions, Wendy Lefkon, diretora editorial de projetos especiais. Como sempre, o apoio que recebi de Wendy e de sua equipe (especialmente o grande entusiasmo e o talento criativo de Winnie Ho) foi de primeira linha – assim como o entusiasmo do meu agente, Richard Curtis. E os dois incríveis mapas de Patti Newton certamente conduzirão os futuros Imagineers direto à porta de entrada!

Agradeço especialmente a duas pessoas, cujos conselhos e sugestões foram a verdadeira "cola" que unificou este livro: minha esposa, Leah, e minha "Editora Sklar", Leslie, minha filha. Ela é linha dura – especialmente com o pai. Mas o talento e a obstinação de Leslie com a excelência e com a qualidade editoriais foram algumas das mais importantes influências sobre o resultado deste livro.

Também agradeço imensamente a Richard Sherman. Ele é um "legado vivo" para mim – um legado entre os Disney Legends, é claro. É a segunda vez que Richard escreve a introdução de um livro meu. Sinto-me muito honrado em contar com a sua confiança.

Glen Keane e eu temos uma relação de "admiração mútua". A carta dele, escrita depois de ler meu livro *Dream It! Do It!*, contribuiu para me motivar a escrever este novo texto.

Sobre o título do livro: encorajado por Wendy, eu quis passar uma mensagem aos meus ex-colegas da Imagineering. Há muitos anos, defendo um grito de guerra em relação à experiência dos parques Disney: "*Mais músicas!*". Acredito piamente nisso, e vou dizer por quê. Quando pensamos em entretenimento Disney, especialmente nos filmes (mas também na televisão, nos espetáculos dos parques Disney e, claro, nas peças da Broadway), a primeira "imagem" que nos vem à mente não é de forma alguma visual: é *auditiva – uma música*!

Para provar meu ponto de vista, vou listar a seguir o título de músicas de filmes da Disney e da Pixar, apenas para mostrar que você não precisa do título dos filmes ou de imagens dos personagens principais *para saber o que a história aborda – basta ouvir a música*: "You've Got a Friend in Me" ("Amigo, estou aqui") ou "I Wanna Be Like You"("Quero ser como você"). "Kiss the Girl" ("Beije a moça") ou "Can You Feel the Love Tonight" ("Esta noite o amor chegou"). "Just Around the Riverbend" ("Lá na curva") ou "A Whole New World" ("Um mundo ideal"). "I Just Can't Wait to Be King" ("O que eu quero mais é ser rei") ou "He's a Tramp" ("Ele é um vagabundo (infiel)")."I've Got No Strings" ("Não há cordões em mim") ou "Let It Go" ("Livre estou"). "Give a Little Whistle" ("Tente um assobio") ou "Whistle While You Work" ("Aprenda uma canção"). "Beauty and the Beast" ("Sentimentos são") ou "Some Day My Prince Will Come" ("Meu príncipe vai chegar"). "When Somebody Loved Me" ("Quando eu era amada") ou "Baby Mine" ("Meu bebê"). Ou aquela canção de Richard e Robert Sherman (ou Dick e Bob, como costumo chamá-los) que não dá para relacionar com nada (e que desafia a ortografia): "Supercalifragilisticexpialidocious"!

Muitas dessas canções tiveram um papel determinante nas atrações e nos espetáculos teatrais dos parques Disney. Acredito que é preciso criar mais músicas *originais*. Pense no legado das canções originais nos parques Disney: "There's a Great Big Beautiful Tomorrow" do Carousel of Progress; "It's a Small World"; "Yo Ho (A Pirate's Life for Me)", do Piratas do Caribe; "Grim Grinning Ghosts", da Mansão Mal-Assombrada; "Golden Dreams", do pavilhão American Adventure do Epcot; "Listen to the Land", do pavilhão The Land; e, em especial, "One Little Spark", da atração Journey into Imagination, no Epcot, de autoria de Dick e Bob Sherman.

Foi assim, portanto, que *One little spark* [*Uma pequena faísca*][1] se tornou o título deste livro. Como sugerem essas palavras simples, meu objetivo é permitir que jovens talentos vejam o mundo da Imagineering como ele é vivenciado na prática pelos Imagineers. Os conselhos deste livro não valem apenas para os futuros Imagineers, mas para qualquer pessoa com alguma inclinação criativa – de um talento criativo de hoje para os apaixonados jovens talentos de amanhã. A mensagem dessa música é direta: todos nós esperamos que este livro contribua para realizar o *seu sonho*, de forma que ele, como diz a letra da música, "possa ser um sonho que se tornou realidade, com apenas essa faísca, de mim para você!".

A Richard e Robert e todos os grandes compositores desde que o Mickey assobiou pela primeira vez em *O vapor Willie*, em 1928: eu reconheço o valor de vocês. Eu lhes agradeço. Mal posso esperar para conhecer a próxima história da Disney que vai chegar aos meus ouvidos muito antes de chegar aos meus olhos – e espero que ela continue sendo contada, mesmo depois de a tela se apagar ou a atração chegar ao fim.

1. O título do livro na edição brasileira, *Uma faísca de imaginação*, sofreu uma leve adaptação, mas mantém referência à música. [N. E.]

Sumário

Introdução

por Richard M. Sherman

A magia musical criada por Richard M. e Robert B. Sherman para o cinema, o palco e os parques Disney em todo o mundo é um tesouro norte-americano – reconhecida como tal quando o então presidente dos Estados Unidos, George W. Bush, concedeu a Dick e Bob a Medalha Nacional das Artes, em 2008, na Casa Branca. Por suas músicas e canções, eles receberam nove indicações ao Oscar; e suas composições para Mary Poppins *venceram as categorias de Melhor Trilha Sonora Original e Melhor Canção Original ("Chim Chim Cher-ee"). Trabalhando com os Imagineers, Dick e Bob escreveram canções dos parques temáticos da Disney para Carousel of Progress ("There's a Great Big Beautiful Tomorrow"), "It's a Small World", Enchanted Tiki Room e Journey into Imagination, do Epcot.*

* * *

Quando Marty Sklar ligou para mim e para o meu irmão, Robert, e nos convidou a colaborar com a Disney Imagineers em um projeto para o Epcot, não fazíamos ideia de que estávamos prestes a embarcar em uma excitante jornada pelo mundo da imaginação. Aliás, não por coincidência, o pavilhão em que trabalhamos se chamava Journey into Imagination (Jornada pela Imaginação).

Depois de mais de trinta anos, duas das três canções que escrevemos para aquela fabulosa experiência não estão mais em uso. Entretanto, até hoje, fãs da Disney me falam o quanto gostam e o quão bem se lembram dessas músicas. Uma delas, "Magic Journeys" (que Marty nos disse ser sua favorita), foi o tema musical/lírico que unificou um engenhoso filme 3-D de mesmo nome. A outra, "Makin' Memories", feita para a patrocinadora do pavilhão, a Kodak, falava das recordações maravilhosas que podemos preservar tirando fotografias.

Entretanto, de longe, a minha favorita é a terceira música. Nós a denominamos "One Little Spark", e ela ainda é tocada todos os dias no Epcot. Antes de Bob e eu começarmos a criar ideias para essa música, os Imagineers nos mostraram esboços e modelos dos personagens principais do espetáculo. Para nós, a estrela era Figment, um pequeno dragão roxo com "duas minúsculas asas" e "olhos grandes e amarelos". Assim que batemos os olhos naquele personagem adorável, nossas faíscas de imaginação alçaram voo e nós nos sentimos prontos para começar. É muito gratificante saber que o pequeno Figment fisgou a imaginação de tantos milhões de visitantes do Epcot ao longo desses anos.

Então, quando Marty me pediu para incluir "One Little Spark" em seu novo livro sobre os Imagineers, fiquei entusiasmado. Anos atrás, pouco depois de termos escrito a música, Marty nos disse que, para ele, essa canção era o verdadeiro tema da Walt Disney Imagineering. Que elogio maravilhoso! O que uma pequena faísca de imaginação pode desencadear...

Richard M. Sherman
Compositor/Letrista

One Little Spark[1]

Richard M. e Robert B. Sherman

One Little Spark
Of inspiration
Is at the heart
Of all creation
Right at the start of everything that's new
One little spark
Lights up for you

Imagination
Imagination
A dream can be a dream come true
With just that spark
From me to you!

One bright idea
One right connection
Can give our lives
A new direction
So many times we're stumbling in the dark
And then "Eureka!"
That little spark!

Imagination
Imagination
A dream can be a dream come true
With just that spark
From me and you!

One Little Spark
One flight of fancy

1. Letra e música de Richard Sherman e Robert Sherman © 1981 Wonderland Music Company, Inc. (BMI). Todos os direitos reservados. Usado com permissão.

Shines up the dark
So that we can see
When things look grim and nothing's going right
One little spark
Clicks on the light!

Imagination
Imagination
A dream can be a dream come true
With just that spark
From me to you

Two tiny wings
Eyes big and yellow
Horns of a steer
But a loveable fellow
From head to tail he's a royal purple pigment
And then "voilà!"
You've got a Figment

Imagination
Imagination
A dream can be a dream come true
With just that spark
From me to you!

Introdução

por Glen Keane

Glen Keane descreve a si mesmo como um "artista que anima" ou um "ator com um lápis". Por quase quatro décadas na Disney, o talento singular de Glen criou personagens animados notáveis: Ariel, Fera, Aladdin, Tarzan. Em 2007, Glen recebeu o Winsor McCay Award, o maior prêmio da indústria de animação, "pelas contribuições de toda uma vida ao campo da animação". Foi Glen quem criou, para o Google, o aclamado curta-metragem experimental Duet, *um filme interativo que explora mundos virtuais, combinando arte desenhada à mão com gigabytes de computador. Esta é uma carta que Glen me enviou depois de ler meu livro de memórias,* Dream It! Do It!

27 de setembro de 2013
Voo 66 da Air France,
de Paris para Los Angeles

Caro Marty,

Acabamos de voar juntos pela Air France para Paris – pelo menos, foi a minha sensação, porque tive o prazer de ler *Dream It! Do It!*. Recebi um exemplar quando você e eu discursamos para o pessoal da

Nike no Grand Californian, há algumas semanas, e o trouxe comigo para essa longa viagem. Terminei o livro quando o avião pousou – foi a mais rápida viagem de Los Angeles a Paris que já fiz.

Você escreve com tanto humor, segurança e sinceridade! Aprendi muito e lamentei que você não tenha escrito este livro trinta anos atrás – quem sabe eu tivesse ficado tentado a saltar do barco da Feature Animation para pisar nas incríveis areias da Imagineering, que você inspirou e liderou por tanto tempo.

Gostei particularmente das histórias sobre Walt Disney. Eu só o conheci através dos olhos dos Nove Anciões. Agora, tenho uma ideia muito mais clara dele. O seu relato de quando Walt pediu a Herb Ryman que criasse em um fim de semana um conceito para a Disneylândia é impagável.

Mais interessante ainda é o contraste entre você e Walt – a postura reticente dele a elogios em oposição ao seu dom natural para incentivar os outros. Testemunhei pessoas que foram influenciadas por ele e que assumiram o mesmo estilo de liderança – raramente fazendo elogios. Embora eu nunca tenha tido a honra de trabalhar diretamente para você, percebi, a distância, o seu amor pelas pessoas e a sua capacidade de tirar o melhor delas por meio de desafios claros e de estímulos positivos. Gostei de ver, ao longo do seu livro, que você sempre jogou luz sobre o talento de outros.

Obrigado por tudo o que você fez na Disney e por tê-lo feito ao seu estilo, ao estilo Marty Sklar. Fico feliz que você tenha decidido colocar essas histórias no papel.

Com o mais profundo reconhecimento,

Glen

Glen Keane,
Animador/Glen Keane Productions

Prefácio
Uma palavrinha de Marty

Eu não comecei a escrever este livro para comemorar o sexagésimo aniversário da Disneylândia. Mas é difícil fugir de um evento de relevância mundial. O que Walt Disney iniciou em Anaheim, na Califórnia, em 17 de julho de 1955, se espalhou pelo mundo – levando entretenimento, conhecimento e diversão em família para *bilhões* de convidados em três continentes.

No entanto, apesar de eu ter estado em Anaheim naquele dia de julho – e de ser o único membro do elenco Disney a ter participado da inauguração de todos os parques em operação – este livro foi motivado por um episódio que ocorreu na Flórida, há mais de três décadas.

Com a inauguração do Epcot – o terceiro dos parques Disney – no Walt Disney World, em outubro de 1982, comecei a receber infindáveis convites para falar sobre "como a Disney faz o que faz". Os telefonemas e as cartas vinham de grandes corporações, convenções, grupos industriais e professores universitários que queriam que seus empregados, ouvintes e alunos aprendessem, com os talentos criativos da Walt Disney Imagineering, os segredos de nosso sucesso.

Na época, eu tinha passado oito anos dos meus 54 anos na Disney liderando os Imagineers no desenvolvimento de conceitos, tendo desempenhado um papel decisivo em convencer os grandes patrocinadores a tornar o Epcot em realidade e produzido a miríade de shows e histórias que atraíram mais de 10 milhões de convidados ao Epcot no seu primeiro ano. Tantos convites para representar os Imagineers em tantos lugares importantes me deixaram animado, é claro.

Meu primeiro desafio foi o seguinte: como eu poderia resumir em poucos princípios aqueles oito anos, ou melhor, as principais lições que tinha aprendido com Walt Disney e os muitos Disney Legends que me influenciaram durante as quase duas décadas que eu passara na Disneylândia e na Imagineering? Foi aí que elaborei os Dez Mandamentos da Disney para duas palestras em 1983: uma na região metropolitana de Minneapolis-Saint Paul, para a Convenção Nacional dos Centros de Ciência e Tecnologia, e outra em Boston, para o Clube de Diretores de Arte da cidade.

Desde o início, os Dez Mandamentos da Disney fizeram muito sucesso com o público dentro e fora da Walt Disney Company. A revista *Funworld*, publicada pela Associação Internacional de Parques de Diversões e Atrações, classificou os Dez Mandamentos como "um clássico – talvez o melhor guia da indústria para a criação do entretenimento temático".

Quando comecei a pensar em escrever um livro sobre os Dez Mandamentos da Disney, a ideia era me concentrar nos mandamentos em si, até porque, com o tempo, eles se expandiram para além dos dez originais, tendo passado a abranger quarenta princípios fundamentais. Entretanto, durante minhas viagens pelo país para promover meu livro de memórias, *Dream It! Do It!*, publicado nos Estados Unidos em 2013, percebi que havia uma história muito maior a ser contada. E que *contar histórias* era a chave!

Essas viagens foram uma notável revelação para mim – mesmo depois das minhas incontáveis experiências ao redor do mundo com a Walt Disney Imagineering e a The Walt Disney Company. As plateias se mostravam muito amistosas e muito interessadas em conhecer histórias de bastidores sobre Walt e os Imagineers. Até os meus anfitriões muitas vezes se surpreendiam com o número de espectadores e de vendas: setecentas pessoas no Museu de Ciência e Indústria de Chicago; trezentas na Biblioteca do Condado de Ocean, em Toms River, no sul do estado de Nova Jersey; quinhentos livros vendidos durante a minha participação na Stage Nine Entertainment Store, de Troy Carlson, em Old Sacramento, na Califórnia; multidões do lado de fora e venda de todos os exemplares enviados ao Walt Disney Family Museum, em San Francisco, e ao Skirball Cultural Center, em Los Angeles; e as multidões à minha espera no Anaheim Convention Center, no lançamento do livro na exposição de 2013 do D23, o fã-clube oficial da Disney.

Em cada parada entre Seattle e Orlando, reservei um tempo ao fim de cada conversa para uma rodada de perguntas e respostas e a já tradicional sessão de autógrafos. Foi durante uma dessas sessões que minhas ideias sobre outro livro realmente começaram a tomar forma. Não havia um lugar em que as pessoas não quisessem ouvir mais histórias: "Walt era mesmo tão inspirador?"; "Como você criou um parque temático a partir das ideias de Walt para uma comunidade chamada Epcot?"; "Como foi se ver no meio de um terreno deserto na Flórida, em Tóquio, em Paris e em Hong Kong antes que o primeiro monte de terra fosse escavado? E como é se ver nesse mesmo lugar agora, diante de um imponente castelo e rodeado pelos personagens da Disney e por milhares de convidados?".

E, principalmente de uns tempos para cá: "Como posso me tornar um Imagineer?".

Jacob Kelley, de 16 anos, foi um caso clássico. Naquela manhã, sua mãe, seu pai e seus três irmãos viajaram seis horas de carro da sua cidade natal, Cleveland, até o Museu de Ciência e Indústria de Chicago, para assistir à minha apresentação. E retornariam assim que Jacob, o primeiro da fila, conseguisse o autógrafo em seu exemplar do livro. Antes de a palestra começar, Jacob ficou seguindo a mim e ao meu anfitrião, Kurt Haunfelner, vice-presidente de coleções e exposições do museu, enquanto passeávamos pelo local. Jacob não perdeu uma única oportunidade de fazer perguntas.

Também teve o casal que, ao ficar sabendo, na noite anterior, que eu iria autografar livros na Downtown Disney, na Flórida, dirigiu a longa distância de Kentucky até Orlando para conseguir uma cópia autografada – e fez questão de me contar isso! "Quantos quilômetros?", perguntei. A resposta: 2.900. Só de ida!

Estava acontecendo algo que eu não compreendi a princípio. Não se tratava de um casal de fanáticos de Kentucky embarcando cegamente em uma busca, nem de pais levando os filhos para uma viagem dominical de Cleveland, no estado de Ohio, até Chicago, em Illinois. Não. Eram fãs da Disney – pais e filhos e avós – que queriam que eu soubesse o quanto eles davam valor à alegria, à diversão e ao entretenimento que a Disney havia lhes proporcionado e o quanto amavam o recente Cars Land, da Disney California Adventure, ou a Bela e a Fera do restaurante Be Our Guest, na nova Fantasyland do Magic Kingdom do Walt Disney World. Eles queriam saber *tudo sobre tudo* – como nós criamos as atrações, como Walt e Roy Disney eram na realidade. Outras pessoas queriam saber se iríamos fazer um espetáculo de *Frozen* – mas a maioria queria saber mesmo "Como Henry e Penelope podem se tornar Imagineers?".

Eu finalmente captei a mensagem. Sim, fale-nos dos seus Dez Mandamentos da Disney, mas conte-nos mais histórias, e então responda: "O que Owen e Alice, Lucy e Eli, Jake e Rachel devem fazer para se preparar para uma carreira como Imagineer, projetando parques e resorts Disney?".

Portanto, esta é a ideia deste livro: comunicar os princípios sobre os quais minha carreira foi construída e indicar a você, leitor, os segredos dos Imagineers.

Não fuja dos clichês

Quando comecei a compilar os Dez Mandamentos da Disney, logo percebi que eu estava apoiado sobre os ombros de muitas pessoas. Muitos dos meus colegas da Walt Disney Imagineering eram veteranos com trinta ou quarenta anos de Disney – e os ensinamentos que eles ofereciam todos os dias eram o equivalente a um curso em design e em *storytelling*, a arte de contar histórias.

A lista dos Imagineers que se tornaram meus mentores é uma verdadeira nata da animação, do cinema e do design de parques da Disney – apenas Disney Legends.

Um deles é John Hench, que entrou para a Disney em 1939 para trabalhar em *Fantasia* e que, depois de uma memorável carreira criando cenários para filmes de animação, se tornou o "criador de lugares" favorito de Walt para os parques Disney. Durante esse percurso, Hench projetou a Space Mountain e a Spaceship Earth do Epcot.

Herbert Dickens Ryman se formou no Instituto de Artes de Chicago em 1932 e foi para a Disney depois de deixar a sua marca como desenhista de esboço da MGM e da Twentieth Century-Fox. Nessas duas empresas, suas ilustrações contribuíram para determinar a identidade visual de *David Copperfield*, *O grande motim* e *Anna e o rei do Sião*.

Na Imagineering, ele criou algumas das ilustrações de ambientação mais famosas do mundo, inclusive o primeiro projeto geral da Disneylândia e os castelos da Disneylândia e do Walt Disney World.

Já Marc Davis foi um dos pilares em animação Disney. Ele era um dos Nove Anciões – o famoso círculo das mais brilhantes estrelas de animação de Walt. Marc veio para a Imagineering depois de mais de 25 anos criando alguns dos mais memoráveis personagens femininos nos filmes de animação, inclusive Sininho, Cruela Cruel e tanto Aurora quanto Malévola em *A Bela Adormecida*. Para os parques, Marc criou piratas, fantasmas, totens falantes e elefantes tomando banho na floresta.

Outro dos meus mentores foi Harper Goff, projetista do submarino *Nautilus* de *20 mil léguas submarinas* e, fora da Disney, diretor de arte de *A fantástica fábrica de chocolate*, de 1971, e designer de produção de *Vikings, os conquistadores*, de 1958.

Eu poderia facilmente citar mais uma dúzia de pessoas que me ensinaram tudo sobre *storytelling*, design e comunicação – todos mestres em seu ofício –, inclusive a primeira mulher Imagineer, Harriet Burns. Ela era a rainha da Oficina de Maquetes e Modelagem, onde os esboços de Ryman, Hench, Davis e Goff eram transformados em projetos tridimensionais por Fred Joerger, Claude Coats e Rolly Crump. Harriet, uma texana miúda, com gosto e talento extraordinários, era a favorita de Walt e não deixava nada a desejar em relação aos rapazes.

Os membros desse incrível time de talentos foram meus mentores, meus amigos e, quando me tornei o líder de criação da Imagineering, minha equipe. Eram os melhores entre os melhores, a definição de "Imagineer" e "Imagineering". Sua dedicação a Walt e a compreensão da devoção dele por excelência não conheciam limites. Eles realmente acreditavam no projeto de Walt, eram seguidores e professores. Walt criou a Imagineering, mas foram os talentos que ele reuniu que fizeram piratas lutarem e fantasmas dançarem.

Foi Walt Disney, claro, quem definiu a direção desde o início. Foi com as seguintes palavras, cunhadas a partir de um roteiro que eu escrevi, que Walt e seu irmão Roy anunciaram o projeto do Walt Disney World, em Orlando, em novembro de 1965:

> Nós seguimos em frente, abrindo novas portas, porque somos curiosos [...] Estamos sempre explorando e experimentando. Nunca perdemos a fé no entretenimento para a família – histórias que fazem as pessoas rir, histórias acolhedoras e humanas [...] Não queremos ganhar dinheiro fácil com truques. Queremos fazer coisas divertidas, levar prazer e, principalmente, risadas às pessoas. E, provavelmente o mais importante de tudo, quando consideramos um novo projeto, nós realmente o estudamos, sem nos restringir à ideia superficial; estudamos tudo que ele envolve! Quando nos lançamos nesse novo projeto, acreditamos nele do começo ao fim. Confiamos na nossa capacidade e damos duro para fazer o melhor trabalho possível!

* * *

Muitas vezes, pensei sobre como esses Disney Legends contribuíram para o novo ambiente de *storytelling* criado por Walt Disney com a Disneylândia. Por isso, convidei 75 Imagineers de ontem e de hoje a se juntarem a mim no objetivo de trazer a história da Imagineering para o século XXI – faz mais de sessenta anos que Walt fundou a Imagineering (inicialmente chamada de WED Enterprises), em 1952. Os tempos mudaram, mas os princípios básicos da Disney se mantiveram firmes e significativos com o correr dos anos.

Os Dez Mandamentos da Disney nasceram da inspiração e dos ensinamentos desses grandes Imagineers – e também de alguns incríveis talentos com quem tivemos a sorte de trabalhar ou de simplesmente conhecer e trocar ideias. Algumas das minhas lembranças preferidas são dos projetos e do tempo que passamos trabalhando com pessoas de fora da Imagineering.

O grande escritor de ficção científica Ray Bradbury, autor de *As crônicas marcianas* e *Fahrenheit 451*, nos ajudou a definir o enredo da comunicação no Spaceship Earth do Epcot. Don Hewitt, criador e produtor do programa jornalístico *60 Minutes*, da rede de TV americana CBS, discutiu conceitos do Epcot e contou que a orientação que ele dava aos repórteres do *60 Minutes* era inspirada pela Bíblia: "Me conte uma história!", instruía Don.

E um londrino chamado Shaike Weinberg, que criou o Museu Nahum Goldmann da Diáspora Judaica em Tel Aviv, Israel, e mais tarde se tornou o diretor fundador do Museu Memorial do Holocausto dos Estados Unidos, em Washington, dizia o seguinte: "Os grandes museus não apenas mostram [artefatos], mas também contam uma história!".

E, é claro, também contamos com o mestre da mágica da *storytelling* John Lasseter, que, com os parceiros Ed Catmull e Steve Jobs, criou a Pixar, dando vida a algumas das histórias e dos personagens mais amados por nós: Woody e Buzz Lightyear de *Toy Story*, Nemo e Dory de *Procurando Nemo*, Sulley e Mike, de *Monstros S.A.*, e Relâmpago McQueen e Mate, de *Carros*.

Certamente, as "pérolas de sabedoria" que mais estimávamos na Imagineering vinham dos grandes talentos com quem trabalhávamos nos projetos dos parques Disney – e, em geral, eram simples declarações feitas despretensiosamente durante uma reunião ou discussão, mas que se tornaram memoráveis. Três das minhas favoritas me ocorrem imediatamente:

> Não fuja dos clichês – eles são clichês porque funcionam!
>
> *George Lucas*, diretor de cinema e de televisão, escritor, produtor

Era 1985, e estávamos reunidos nos escritórios da Imagineering para discutir a atração do simulador Star Tours. O desafio era encontrar uma forma de representar os filmes *Guerra nas estrelas*, de George Lucas, em uma experiência de quatro minutos e meio. Tudo era novidade para todos nós; não havia outra atração com um simulador desse tipo na época de sua inauguração, pouco mais de um ano após os primeiros conceitos terem sido colocados no papel. Um dos meus colegas se queixou da quantidade de clichês sugeridos pelos membros da equipe da Imagineering. Foi então que George Lucas soltou um sábio conselho: "Não fuja dos clichês – eles são clichês porque funcionam!".

> Nossos convidados não saem dos parques assobiando as luzes ou a arquitetura.
>
> *John Hench*, designer excepcional e
> um dos Disney Legends

John Hench era nosso filósofo-rei, amigo de Salvador Dalí, um homem viajado, uma enciclopédia ambulante. Durante uma reunião para discutir o conceito da atração American Adventure do Epcot, os designers estavam dando duro para aprimorar os elementos do projeto. Tínhamos um final grandioso que alguns dos designers consideravam exagerado – complexo e caro demais. À medida que a discussão sobre o que seria "bom o bastante" esquentava, John foi ficando cada vez mais irritado.

Ele sabia que havia questões de orçamento e de programação a serem consideradas. Mas, nos seus 64 anos de carreira na Disney, Hench aprendeu que o principal motivo por que atrações como a Enchanted Tiki Room da Disneylândia e o Jungle Cruise da Adventureland ainda hoje divertem os convidados, mais de meio século depois de sua inauguração, é o fato de que ninguém se contentou com o "bom o suficiente" na fase de projeto. Então, John soltou essa pérola: "Nossos convidados não saem dos parques assobiando as luzes ou a arquitetura!". Nós devolvemos aquele final grandioso à atração, a cereja do bolo com chantili e tudo. Como? Acrescentamos duas figuras históricas, Ben Franklin e Mark Twain, como guias da atração, adicionamos uma imponente Estátua da Liberdade ao cenário, preparamos um show de fogos de artifício no Porto de Nova York, e que se fechem as cortinas!

Mau gosto não custa menos!

Herb Ryman, artista, ilustrador e Disney Legend

Herb Ryman foi indiscutivelmente o maior ilustrador da história das atrações. Walt Disney confiou a ele a tarefa de criar as ilustrações mais importantes da história dos parques Disney, incluindo as primeiras representações gerais da Disneylândia, do Walt Disney World e do Epcot. Herb tinha a capacidade de capturar sucintamente a essência de um conceito ou de uma questão – e de fazer com que todas as outras pessoas entendessem exatamente o que tinha imaginado. Não lembro qual foi o projeto específico em que ele nos disse essa pérola, mas lembro com clareza a reação de Herb: "Mau gosto não custa menos". Se a crítica já não tivesse chamado a nossa atenção, a explicação de Ryman o fez: se você constrói algo mal projetado ou planejado, provavelmente vai gastar o mesmo que para fazer um projeto primorosamente planejado.

Herb queria garantir que, qualquer que fosse o trabalho, nós o projetássemos e construíssemos da melhor forma. Ele queria que sempre pudéssemos dizer ao final: "Eu fiz o meu melhor". Ou, como diria Walt Disney: "Trabalhe duro para fazer o melhor trabalho possível!".

* * *

Sim, havia grandes filósofos nas primeiras equipes da Imagineering – assim como há hoje. Contudo, não é possível compreender os Imagineers e seus êxitos ao redor do mundo sem reconhecer que as suas realizações não são fruto da atuação solitária de indivíduos brilhantes, mas de uma mistura perfeita de talentos. Em resumo, é trabalho de equipe.

Quando me tornei um Imagineer em tempo integral, em 1961, John Hench me puxou de lado e me deu um conselho que se tornou a pedra de toque de toda a minha carreira: "Quando inauguramos uma nova atração ou um parque, você não pode dizer 'Eu 'fiz isso' ou 'Eu fiz aquilo', porque ali tem o toque de muitas mãos talentosas. Este é um negócio do *nós*; não um negócio do *eu*".

Anos depois dessa lição, Warren Bennis, eminente professor de administração e negócios da Marshall School of Business, que faz parte da University of Southern California, fez uma palestra na Imagineering. Fiquei impressionado com o que ele falou e, posteriormente, procurei o livro dele, *Organizing Genius: The Secrets of Creative Collaboration* (*Gênio organizacional: os segredos da colaboração criativa*, em tradução livre), coescrito com Patricia Ward Biederman. Ao ler o título, percebi que ele era um dos nossos. A primeira linha do livro do professor Bennis é: "Sozinho, nenhum de nós é tão inteligente quanto todos nós juntos".

Por mais óbvio que isso pareça, *não* é um padrão na maior parte das nossas experiências. O *star system*, sistema das estrelas, ainda rege muitos aspectos do mundo, mas em nenhum outro ramo ele é mais evidente do que no do entretenimento.

Na indústria do cinema, o reconhecimento individual se materializa em um contrato: o nome da estrela do filme deve aparecer em determinada proporção em relação ao tamanho do título do filme; nos créditos de um filme, existe uma ordem hierárquica a ser negociada dos nomes que aparecerão acima ou abaixo do título; há uma mentalidade do tipo "o *meu* trailer é maior que o *seu*"; o transporte exclusivo de ida e volta ao local da gravação é obrigatório; existe, ainda, a ideia de acordos como "eu faço este projeto se você prometer que serei a estrela do seu próximo projeto!". Todos são comportamentos-padrão do "negócio do *eu*".

Em contraposição, um "negócio do *nós*" cria um ambiente em que todos os talentos são celebrados em conjunto – artistas, roteiristas, designers, engenheiros, arquitetos, paisagistas, técnicos em computação, artistas gráficos etc. Na Imagineering, isso abrange 140 áreas. O professor Bennis faleceu em 2013, mas a sua sabedoria e suas lições continuam vivas. Acreditamos profundamente na máxima proposta por ele: "Sozinho, nenhum de nós é tão inteligente quanto todos nós juntos".

A união de tantas pessoas talentosas de forma a constituir uma grande força criativa é o assunto deste livro. Para a maior parte dos Imagineers, o Caminho para a Imagineering tem muitas voltas e curvas – tanto as esperadas quanto as totalmente surpreendentes. Minha grande esperança é que, ao fim deste livro, você se lembre de uma das mais importantes lições sobre liderança que aprendi de Walt Disney: não rotule ninguém! Você nunca saberá do que um talento é capaz até lhe dar uma oportunidade – se ele estiver disposto a aproveitar essa oportunidade. É exatamente o que tantos Imagineers fizeram no Caminho para a Imagineering.

Preparado? Está na hora de começarmos a nossa jornada. Espero que este livro inspire você a aprender e a crescer – não importa que trabalho você tenha escolhido ou escolherá para a sua vida. E se, por acaso, esse trabalho incluir criar entretenimento familiar para bilhões de pessoas ao redor do mundo, como no meu caso, nunca se esqueça de retribuir. Como Walt Disney nos ensinou, você não faz isso para si mesmo.

Os Dez Mandamentos da Disney

Se você fosse fazer uma excursão pela Walt Disney Imagineering (desculpe, mas excursões estão fora de cogitação porque as salas e os corredores estão forrados de novas ideias autorais), encontraria a versão original dos Dez Mandamentos da Disney nas paredes dos escritórios de muitos Imagineers. Inicialmente, eu os escrevi para explicar e relembrar aos companheiros Imagineers os princípios que são o alicerce sobre o qual o nosso sucesso foi construído. Posteriormente, fiz deles o ponto central das minhas palestras fora dos muros da Imagineering.

Para mim, esses princípios formaram o padrão que os Imagineers vêm usando para criar as experiências dos parques Disney ao redor do mundo. Quando nós os seguimos de perto, criamos mágica. Quando nos afastamos deles… Bem, você vai encontrar, mais adiante neste livro, exemplos de situações em que nossos objetivos não foram atingidos.

1. **Conheça o seu público**
   Identifique, antes de iniciar o projeto, o público principal que frequentará a atração ou espetáculo.

2. **Coloque-se no lugar dos seus convidados**
   Faça a sua equipe vivenciar a criação exatamente do jeito que os convidados o fazem.
3. **Organize o fluxo de pessoas e ideias**
   Certifique-se de que exista lógica e ordem nas histórias e na forma como os convidados as vivenciam.
4. **Crie um wienie (ímã visual)**
   Crie signos visuais que conduzam os visitantes de forma clara e lógica pela experiência que você construiu.
5. **Comunique-se com linguagem visual**
   Faça bom uso de cores, formas, texturas – todas as formas não verbais de comunicação são bem-vindas.
6. **Evite excessos – crie estímulos**
   Resista à tentação de sobrecarregar o público com informações e objetos.
7. **Conte uma história de cada vez**
   Não se afaste do enredo; boas histórias são claras, lógicas e coerentes.
8. **Evite contradições – mantenha a identidade**
   Detalhes de forma ou de conteúdo que se contradizem confundem o público quanto à história e ao período em que ela se passa.
9. **Para cada pitada de instrução, uma tonelada de diversão**
   No nosso negócio, dizia Walt Disney, você pode educar as pessoas, mas nunca diga que é isso o que está fazendo! Faça-o de forma divertida!
10. **Não deixe a peteca da manutenção cair!**
    Em um parque ou resort da Disney, tudo deve funcionar direito. Manutenção malfeita significa espetáculo malfeito!

O Mousecar e o Pateta

A indústria do entretenimento oferece a seus membros os mais diversos prêmios. E, por mais que eu deteste copiar esse tipo de premiação, vou fazer mais uma, com uma só pessoa sendo o juiz e o júri: eu.

Há muitos anos, em 1947 para ser exato, Walt Disney criou a sua própria versão do Oscar para homenagear os funcionários e associados que contribuíram de forma significativa para o sucesso da empresa. No lugar de Oscar, Walt batizou o prêmio de Mousecar. O primeiro agraciado foi o irmão de Walt, Roy O. Disney, então presidente do conselho de administração da The Walt Disney Company.

Cada um dos Dez Mandamentos da Disney de que tratarei conterá uma história sobre alguma atração ou espetáculo de um parque Disney (são doze espalhados por três continentes) ou sobre alguma pessoa que mereça um Mousecar como reconhecimento por sua realização. Tenha em mente a ideia de *equipe*!

Porém, nem toda ideia, atração ou pessoa é bem-sucedida, e sempre há (quando olhamos em retrospectiva) motivos para que esses conceitos não tenham funcionado. E não nos eximimos disso; o meu intuito aqui é mostrar também esses projetos.

Embora esse prêmio não tenha sido criado por Walt, parece apropriado pensar em um prêmio para aquilo que podemos aprender com o fracasso, da mesma forma que com o sucesso. Assim, o meu grande amigo Joe Lanzisero – formado em animação, mas que hoje é o vice-presidente de projetos da Imagineering em Hong Kong – criou o prêmio para projetos não realizados ou que não corresponderam à expectativa. Batizei esse prêmio de Pateta!

Certa vez, Walt Disney disse: "Fico feliz de ter tido um belo, retumbante fracasso no começo da minha carreira". Esse fracasso ensinou a ele uma importante lição, e a compreensão do motivo do fracasso o conduziu a realizações e honras sem precedentes – que incluem 32 Oscar e a Medalha Presidencial da Liberdade.

Analisando os motivos do nosso sucesso, e das nossas falhas, os verdadeiros empreendedores e transformadores do nosso mundo apontam o caminho para a construção de vidas melhores, empresas excelentes e experiências que sobrevivem por muito, muito tempo.

A seguir, utilizarei os Dez Mandamentos da Disney para ilustrar o sucesso – e o fracasso – de projetos ao redor do mundo.

Mandamento nº 1
Conheça seu público

Não consigo nem pensar em dar início a um projeto sem conhecer o público principal da história ou produto. A forma como você se comunica e o que você comunica são totalmente influenciados por quem você identifica como seu público-alvo.

Na Disney, nossa abordagem para o desenvolvimento dos parques foi traçada desde o comecinho por Walt. Quando levava suas duas filhas aos parques de diversão, ele se sentia frustrado por ficar sentado sozinho comendo pipoca enquanto as meninas se divertiam nos brinquedos. Foi então que Walt concluiu que deveria existir um parque "no qual os pais e as crianças se divertissem juntos".

O nosso público se tornou então *a família* que faz as coisas *junta*. E assim permaneceu, seja a família americana, japonesa, francesa ou chinesa que vive nos países onde ficam os parques Disney, sejam as famílias e amigos, jovens e velhos, de todas as nações próximas e distantes que vão aos parques e resorts Disney para brincar, aprender e se divertir juntos.

Defina com clareza o seu público e você terá dado o primeiro passo para uma experiência, aventura ou comunicação bem-sucedida.

E o Mousecar vai para...

Cars Land, da Disney California Adventure

No dia da inauguração da Cars Land, na Disney California Adventure, eu estava sentado em um banco do parque com minha esposa, Leah, ao anoitecer, quando os letreiros de neon começaram a se acender ao longo da "Route 66". Um menino de 7 anos que passava por nós parou de repente e gritou: "Olha, mamãe! Foi aqui que eles rodaram o filme!".

Foi um merecido elogio para o filme *Carros*, da Disney/Pixar, do diretor John Lasseter, de 2006, que agora tinha ganhado vida em três dimensões, com direito ao Cozy Cone Motel, o Flo's V8 Café, e, é claro, a Radiator Springs Racers. A Cars Land também poderia ganhar um Mousecar pelo trabalho de equipe, já que os Imagineers Kathy Mangum (produtora), Kevin Rafferty (conceito e roteirista) e Zsolt Hormay (rockwork, ou esculturas de gesso em forma de pedra, para a Cadillac Mountain Range) uniram forças com Roger Gould (conceito e história), Liz Gazzano (produtora) e Bill Cone (arte conceitual), da Pixar, para dirigir essa premiada combinação de talentos.

A história de como se deu esse trabalho de equipe entre a Imagineering e a Pixar é uma das mais intrigantes da Cars Land, como conta Rafferty:

> Em 2004 – oito anos antes da inauguração da Cars Land –, Robert Coltrin e eu começamos a trabalhar em um projeto inspirado pela cultura do carro da Califórnia. Nós não sabíamos, mas, nesse mesmo período, a Pixar estava fazendo um novo filme sobre carros. Assim que soubemos, pulamos em um avião e fomos para a sede da Pixar, em Emeryville, no estado da Califórnia, na esperança de que talvez houvesse nesse filme algo que pudéssemos usar no nosso conceito de carro das décadas de 1950-1960, o qual chamávamos de Carland.

Quando John Lasseter, chefe de criação da Pixar e diretor do filme *Carros*, nos permitiu um rápido vislumbre do conceito artístico e de algumas sequências não finalizadas, nós nos apaixonamos pelos seus personagens, pela sua história e pelo seu mundo animado. Seis semanas depois dessa visita à Pixar, e dois anos antes de o filme ser lançado, tínhamos a nossa principal atração, a Radiator Springs Racers, cujo *storyboard* estava totalmente finalizado. Em 2007, embalado pelo sucesso do filme, John sugeriu que mudássemos o nome de Carland para Cars Land, e nos demos conta de que a única maneira possível de representar todos os elementos que os nossos convidados amavam no filme – a grandeza do Ornament Valley, toda a cidade de Radiator Springs e os personagens-carros que ali viviam – era nos unir às pessoas que fizeram o filme.

O desafio não era apenas reproduzir o mundo icônico retratado no filme; também era necessário "preencher as lacunas" com ideias complementares e inventadas – áreas inteiras que não apareciam no filme. Os espectadores não viram o Flo's V8 Café por dentro, e o Stanley's Oasis nem sequer existia.

E ainda havia as "regras" estabelecidas pela Pixar para o universo paralelo onde os carros viviam. Nós não abandonamos essas regras nem mesmo para as novidades que inventamos – essas coisas não estavam no filme, mas bem poderiam estar!

Houve mais um elo importante entre a criação de ambiente da Imagineering e o *storytelling* da Pixar. John Lasseter defende que se faça uma pesquisa minuciosa para garantir a autenticidade dos mundos criados pela Pixar. Ele sugeriu que, assim como a equipe da Pixar tinha feito, nós caíssemos na estrada e curtíssemos a Route 66. Então, nós e os nossos parceiros da Pixar passamos dez dias juntos, traçando esboços e tirando fotografias pela "Estrada-Mãe". A viagem inspirou uma quantidade enorme de ideias e projetos para a nossa nova atração – incluindo o interior dos prédios da cidade e os tipos de materiais que usamos para as estruturas. E, o mais importante, ela uniu as duas equipes.

Por isso, não é de admirar que, ao entrarem na Cars Land da Disney California Adventure, as crianças acreditem que de fato estão onde o filme foi rodado.

Uma vez definido o público-alvo – os fãs da animação *Carros* –, a equipe da Cars Land se dedicou a conhecer o material original com o objetivo de atender – e superar – as expectativas desse público.

E o Pateta vai para...

Meet the World, da Disneylândia de Tóquio

Às vezes, uma ideia bem-intencionada é um desastre iminente. Com a Disneylândia de Tóquio, nosso primeiro parque fora dos EUA, inaugurado em 1983, o presidente do conselho de administração da Disney, E. Cardon Walker, estabeleceu que era importante mostrar o nosso respeito pela história do Japão criando um espetáculo que desse aos diretores de escolas uma razão lógica para aprovar excursões dos estudantes japoneses ao parque. Nossa lição de história, chamada Meet the World (Conheça o mundo), foi apresentada em um formato de carrossel – como o teatro giratório criado por Walt para o Carousel of Progress da General Electric na Feira Mundial de Nova York, em 1964-1965.

Os talentos que mobilizamos para tanto eram incríveis: Richard M. e Robert B. Sherman foram os autores da música-título e os grandes Imagineers Herb Ryman e Harper Goff criaram o design. No entanto, o show foi um fracasso desde o início – e por motivos óbvios.

Bob e Dick Sherman tentaram tornar palatável a mensagem do espetáculo com a seguinte música:

Meet the World[1]

Richard M. e Robert B. Sherman

Born of the great mother sea
The outside world was a great mistery
We lived on our islands alone
'Til our first sailors explored the unknown

Reaching out, friendly hands
To meet the world around us
Friendly people of Japan
We meet the world with love
We meet the world with love
We meet the world with love
Reaching out, friendly hands
We meet the world with love

Japan of today leads the way
Dynamic dreams and great hopes on display
And each year our efforts increase
Touching all the world over with friendship and peace

Reaching out, friendly hands
To meet the world around us
Friendly people of Japan
We meet the world with love
We meet the world with love
We meet the world with love
Reaching out, friendly hands
We meet the world with love

---

1. Letra e música de Richard Sherman e Robert Sherman © 1982 Wonderland Music Company, Inc. (BMI). Todos os direitos reservados. Usado com permissão.

Mas o público japonês na Disneylândia de Tóquio queria diversão, e não uma lição de história que disfarçava o real papel do Japão na Segunda Guerra Mundial. Os japoneses talvez até estivessem dispostos a "conhecer o mundo com amor", mas não a encarar essa atração com o mesmo sentimento. Apesar de a atração ter um patrocinador, o que evitou a sua morte precoce, ela acabou sendo fechada em 2002. Foi substituída, em 2009, pela imensamente popular Monsters, Inc. Ride & Go Seek!

Mandamento nº 2
Coloque-se no lugar dos seus convidados

Se você leu a biografia de Steve Jobs escrita por Walter Isaacson, vai entender que esse mandamento se aplica à criação de qualquer produto. A atenção de Jobs aos detalhes se tornou uma obsessão. Além dos aparelhos em si, ele passava incontáveis horas aperfeiçoando a embalagem, para que toda a experiência de abrir a caixa fizesse parte da mágica Apple. Compreender como será a primeira experiência do cliente, convidado ou público com o produto é fundamental para cativá-los e fazê-los querer repetir a experiência.

Nos primórdios da Disneylândia, quando tudo ainda era novidade tanto para os convidados quanto para os Imagineers, Walt Disney decretou que todo designer tinha que ir ao parque pelo menos uma vez a cada duas semanas e pegar as filas para sentir a experiência dos convidados.

Eu me lembro com carinho do roteiro que escrevi para inaugurar as visitas guiadas da Disneylândia (3 dólares para adultos; 2 dólares para crianças de menos de 12 anos!), em 1962. No empenho de entender a experiência em primeira mão do convidado, eu mesmo guiei a primeira visita. A segunda e a terceira visitas foram guiadas por Dick Nunis, diretor de operações do parque, e Jack Lindquist, chefe de marketing. Mais tarde, quando nos sentamos para avaliar a reação dos convidados, tínhamos o *input* dos encarregados da operação sobre o que funcionava e dos marqueteiros sobre como vendê-la, além, é claro, dos meus próprios comentários e revisões baseados nas reações diretas, nas observações e no *timing* da minha experiência pessoal como guia da primeira visita guiada da Disneylândia.

"Ponha-se no lugar dos seus convidados" em cada oportunidade que tiver; essa é uma ótima forma de garantir que você vai realizar aquilo que se propôs a realizar.

E o Mousecar vai para...

Dumbo the Flying Elephant, Fantasyland, no Magic Kingdom, Walt Disney World

Para meu alívio, alguns Imagineers muito inovadores e criativos encontraram uma maneira de reparar um erro que eu cometera ao insistir no *princípio* em detrimento do *prático*.

A manchete do jornal *Orlando Sentinel* disse tudo: "Dumbo da Fantasyland: velho, novo e em dobro no Walt Disney World". A reportagem continuava: "Dentro do passeio do novo Dumbo, a grande tenda substitui as longas filas por *pagers* e jogos interativos".

Dentro é, de fato, a palavra-chave dessa atração – e a fórmula mágica.

Especialmente durante o verão, as longas filas que se formavam do lado de fora do Dumbo the Flying Elephant, devido a sua capacidade muito limitada (a atração contava com dezesseis gôndolas do paquiderme), sempre foram difíceis para os pais e as crianças – e também para os funcionários que cuidavam de uma das atrações mais populares do Magic Kingdom.

Durante anos, a equipe de operações do parque quis acrescentar uma segunda atração ao Dumbo the Flying Elephant, mas, por questões estéticas, eu resistia a essa ideia. Simplesmente colocar mais dezesseis elefantes voadores ao lado dos primeiros dezesseis não fazia muito sentido para mim. Sem dúvida, nós, Imagineers, poderíamos encontrar uma solução mais criativa; afinal, é o que fazemos.

A reforma da Fantasyland, que foi reinaugurada por etapas em sua nova forma entre 2012 e 2014, deu à equipe criativa da Imagineering, dirigida por Chris Beatty, a oportunidade de resolver esse problema: foi criada uma estrutura semelhante a uma grande tenda equipada com ar-condicionado para abrigar um playground com tema circense que funciona como uma "fila sem fila". Agora, as famílias na "fila" do brinquedo recebem um *pager* que se parece com um ingresso de circo e que apita quando chega sua vez de embarcar nos elefantes. Assim, elas ficam livres para brincar nas redes, escorregadores e outras diversões do playground que as fazem se sentir como se estivessem em um espetáculo circense.

Beatty me contou como a equipe da New Fantasyland desenvolveu essa elegante solução:

> Havia diversos desafios a serem enfrentados pela equipe da Imagineering na New Fantasyland, mas nenhum era tão assustador quanto reinventar a atração Dumbo the Flying Elephant. Sabíamos que, se fôssemos transferi-la fisicamente para outro lugar, teríamos muito trabalho para criar uma história totalmente nova, algo que pusesse em primeiro lugar a vivência do convidado.
>
> Para milhões de convidados ao ano, uma visita ao Magic Kingdom não seria completa sem um passeio no Dumbo the Flying Elephant. A atração tinha se tornado um rito de passagem para muitas famílias que visitavam o Magic Kingdom. No caso de uma atração com tamanha popularidade, o tempo de espera pode ser muito longo, e a experiência de ficar na fila muitas vezes é intolerável para alguns dos nossos convidados mais jovens. Membros da nossa equipe da New Fantasyland viveram essa experiência na pele, já que muitos de nós, que tínhamos filhos pequenos, tivemos que esperar, em pleno calor do auge do verão, para passear no Dumbo.

Durante o processo do Blue Sky, a fase inicial de preparação do projeto, a equipe logo percebeu que poderia transformar a espera na fila em algo divertido. Fazia sentido pedir aos nossos convidados para entrar na grande tenda e aproveitar toda a pompa do circo do Dumbo enquanto esperavam para passear nessa tão popular atração. Ficamos empolgados com a ideia porque tínhamos a possibilidade de fazer a narrativa ser contemplada em toda a experiência dos convidados, deixando-os brincar e relaxar em um ambiente com tema de circo e com ar-condicionado.

Esse conceito era particularmente desafiador porque estávamos, basicamente, eliminando as filas. Foi a primeira vez que isso foi feito em um parque temático. Como os nossos convidados saberiam a hora de subir na atração? Como esse conceito seria recebido pela equipe de operações, que tinha lidado com as atrações do parque da forma tradicional por mais de cinquenta anos? Todos esses desafios foram encarados de frente por uma equipe coesa de Imagineers e por uma equipe de operações de cabeça aberta, que tinham como único objetivo melhorar a experiência dos convidados.

Desde a inauguração da New Fantasyland, a nova fila do Dumbo vem sendo recebida com animação e gratidão pelas famílias que vêm de todo o mundo. Como acontece com qualquer nova atração, sempre surgem lições a serem aprendidas e desafios a serem superados quando trabalhamos juntos para criar a experiência perfeita para os convidados.

Uma importante lição que a equipe de Imagineers aprendeu é que, quando trabalhamos em parceria, conseguimos expandir os limites do possível. É normal discordar e defender ideias e objetivos com veemência, mesmo que, às vezes, a divergência criativa pareça grande demais. No final das contas, os diferentes pontos de vista e as opiniões divergentes apenas fortalecem o projeto, e quem sai ganhando são os nossos convidados. Sempre trabalhe tendo em mente a experiência do convidado.

Quanto a acrescentar mais paquidermes voadores à coleção original da Dumbo the Flying Elephant, pensamos que, se observar dezesseis elefantes voando já era incrível, quão extraordinário seria observar 32?

O segundo Dumbo do lado exterior da atração não se limita a espelhar o primeiro; os veículos do novo sistema voam em direção oposta à do original. Agora, como relatou a imprensa, o "*début* do Dumbo em dobro" oferece aos convidados "o dobro da diversão do elefante voador!".

E, hoje, eu estou a bordo. Não poderia ser diferente, já que o filme de Walt, lançado em 1941, é tão encantador – e tão popular que uma gôndola original do Dumbo da Disneylândia foi doada ao Museu Nacional de História Americana do Instituto Smithsonian da cidade de Washington, em 2005, no quinquagésimo aniversário da Disneylândia.

E o Pateta vai para...

Astuter Computer Revue, do Epcot (1982)

"Algumas coisas se tornam obsoletas rápido demais", observou Tom Fitzgerald, atualmente vice-presidente sênior do grupo criativo da Imagineering. Ele disse isso pensando no Astuter Computer Revue, um dos seus primeiros projetos como Imagineer:

> Quando o Epcot Center estava sendo projetado, uma das histórias que queríamos contar era sobre computadores. Naquela época, essa ideia invocava imagens de enormes estruturas e o medo do HAL 9000, do filme *2001: uma odisseia no espaço*. Por isso, decidimos mostrar como os computadores ajudavam a fazer a mágica do Walt Disney World e, assim, apresentá-los sob uma luz favorável para o usuário. Nós até contratamos Bob e Dick Sherman para compor uma música chamada "My Friend the Computer" ("Meu amigo, o computador", em tradução livre), de forma a garantir que todos entendessem a mensagem.
>
> A atração apresentaria uma vista de camarote para o centro de controle dos sistemas de espetáculos do Epcot. Telas de projeção e a mágica

dos efeitos especiais permitiriam que o espetáculo fosse exibido aos convidados sem interromper o trabalho dos técnicos dentro do espaço do centro de controle. Era uma combinação inteligente de ficção e fantasia – pelo menos, foi o que pensamos.

Então, quando já estávamos dando os toques finais ao espetáculo e nos preparando para a inauguração do Epcot, um acontecimento fez tudo mudar. O acesso aos computadores pessoais decolou. De repente, todos queriam ter um. E a nossa atração? Bem... ela ficou obsoleta antes mesmo de ser inaugurada! Apesar de termos feito uma rápida renovação pouco depois, não conseguimos acompanhar a evolução da história do computador – ela estava mudando e mudando o mundo com uma velocidade impossível de acompanhar.

Neste caso, até nos colocamos no lugar dos nossos convidados, mas a situação evoluiu rápido demais, e o Astuter Computer não passou da linha de partida.

Mandamento nº 3
Organize o fluxo de pessoas e ideias

A questão importante aqui é que grandes histórias e grandes experiências têm uma lógica e sequência que recompensam os convidados, clientes ou leitores pelo tempo e esforço investidos – seja lendo uma história para os filhos, seja andando pela exposição de um museu ou mergulhando em uma aventura com piratas saqueadores.

Há algumas raras experiências que intencionalmente não têm lógica ou sequência, como os labirintos de espelhos ou as casas dos horrores nos parques de antigamente. Mas as grandes aventuras, as grandes atrações, as histórias que queremos escutar ou ver ou delas participar repetidas vezes, são estruturadas de modo que todos os pingos estejam nos "is". Isto é, elas são claras e compreensíveis. Devemos ser capazes de explicá-las aos nossos filhos – e a nós mesmos. Sabemos o que elas são, sabemos onde nós nos encontramos.

Ninguém compreendeu tão bem essa noção de organizar o fluxo de pessoas e ideias quanto John Hench. Em uma entrevista à revista *New West* em 1978, John compartilhou a sua percepção da coisa:

> Quando estamos num festival como uma feira estadual, tudo chama a nossa atenção. Então olhamos, olhamos e olhamos, tentamos entender as coisas, tentamos nos decidir, fazemos muitas avaliações.

Já em um parque Disney, quando chegamos a determinado ponto que sabemos ser decisivo, tentamos não oferecer aos convidados sete ou oito opções, mas apenas duas, de forma que eles tenham que decidir qualitativamente qual é a melhor. Só lhes damos duas... E as apresentamos de forma que elas pareçam normais.

E o Mousecar vai para...

Indiana Jones and the Temple of the Forbidden Eye, da Disneylândia de Anaheim

Sim, essa atração é uma das melhores experiências do parque Disney – tanto que também é apresentada no DisneySea de Tóquio (com o nome de Temple of the Crystal Skull, na área do Lost River Delta). O veículo que transporta o visitante foi usado para criar o Dinosaur no Animal Kingdom do Walt Disney World. Mas é a incrível fila de oitocentos metros da Adventureland, na Disneylândia, que estabelece um padrão único, mesmo para um parque Disney.

A fila do Indiana Jones começa do lado de fora, no Jungle Cruise. Ao longo do caminho, a ambientação adequada foi criada, com árvores exuberantes e cipós e sons da floresta. O edifício de 4.645 metros quadrados que abriga o Temple of Doom é o seu destino – e uma importante parte da vivência da fila. Dentro, a Spike Room (cuidado com as lanças!), o Rotunda Calendar (aquelas rochas enormes estão se mexendo?) e a abertura do espetáculo (em forma de um noticiário antigo sobre a descoberta do túmulo) preparam o terreno para a aventura que está por vir.

Os operadores da Disney chamam o sistema de carrinhos nos quais os convidados viajam de Veículo de Movimento Otimizado (EMV, de *Enhacend Motion Vehicle*, em inglês) – basicamente, um simulador sobre rodas semelhante a um jipe militar. Eles balançam em movimentos circulares, para cima e para baixo, carregando doze passageiros pelo Chamber of Destiny e pelo Hall of Promise. Passam pela gigantesca escultura de pedra do rosto de Mara, que solta fogo e luz, e cruzam uma precária ponte de madeira sob uma vacilante ponte de corda. No final, Indiana Jones ajuda os passageiros a escapar de uma pedra gigantesca que ameaça esmagar o veículo – uma emoção que não pode ser comparada a qualquer outra no parque.

Contudo, é a experiência prévia, na fila, que estabelece um padrão de organização e fluxo de pessoas e ideias. No momento de embarcar no jipe, o visitante já está completamente imerso na aura criada por George Lucas e Steven Spielberg nos quatro sucessos de bilheteria da franquia. A música, baseada na composição de John Williams para os filmes, acompanha e intensifica a imersão na experiência.

E o Pateta vai para...

O Animal Kingdom, do Walt Disney World

Jack Lindquist, o primeiro gerente de marketing da Disneylândia e, posteriormente, seu primeiro presidente, adora se lembrar dos primórdios do primeiro Magic Kingdom de Walt Disney: "Não sabíamos nada, então estávamos dispostos a tentar tudo!".

Em 1998, entretanto, a Disney havia reunido uma incrível base de informações sobre os convidados dos nossos então nove parques ao redor do mundo. Podíamos prever quase tudo antes de um novo parque ou atração ser aberto ao público. No entanto, quando o nosso décimo parque, o quarto do Walt Disney World, foi aberto no Dia da Terra, em 1998, percebemos que tínhamos cometido o mais elementar dos equívocos. O resultado foi confusão para os nossos primeiros convidados.

Joe Rohde, chefe criativo da equipe de design, descreve da seguinte maneira esse prêmio Pateta:

Quando projetamos o Animal Kingdom, trabalhamos com um grande conceito que se baseava em aventura.

Queríamos que o parque tivesse uma atmosfera de aventura. Uma das nossas táticas para tanto foi fazer mistério quanto ao destino final de uma trilha, de forma que o visitante tivesse que seguir em frente para que esse destino fosse revelado. Uma miniaventura. Fizemos curvas ao longo da trilha, apenas o suficiente para que o visitante não tivesse uma visão clara do final do trecho em que se encontrava, mas apenas um vislumbre. Isso não funcionou. As pessoas simplesmente não seguem rumo a um destino que não podem enxergar.

Nem todos paravam, mas, de um ponto de vista de engenharia industrial, era o bastante para obstruir as trilhas, já que multidões recuavam atrás de pessoas que haviam ficado desorientadas. Elas precisavam de mais certeza de que a trilha daria em algum lugar. Então alargamos as trilhas apenas o suficiente para que fosse possível enxergar melhor e endireitamos os trechos com curvas acentuadas demais. E as pessoas começaram a seguir em frente.

Pessoas são pessoas. Elas nem sempre vão colaborar com um conceito extravagante!

Ao clarear as passagens para a aldeia de Harambe, a DinoLand, o espetáculo ao vivo do Festival of the Lion King, a Kali River Rapids, a Maharajah Jungle Trek, o Kilimanjaro Safaris (um passeio de aventura por uma savana povoada por centenas de animais africanos, entre eles girafas, elefantes, leões, hipopótamos, guepardos e crocodilos), o Expedition Everest e o ícone visual e espiritual do parque, a Tree of Life, de 44 metros de altura, o Animal Kingdom conquistou posto entre as melhores vivências dos parques Disney e tornou-se um dos parques mais populares do mundo, atraindo mais de dez milhões de convidados por ano.

Os convidados do Walt Disney World também podem estender a aventura com animais hospedando-se no Animal Kingdom Lodge, um resort de 1.300 apartamentos próximo ao parque, onde animais pastam à vista dos quartos, criando a sensação de um pernoite em plena savana africana.

"As nossas histórias não são apenas sobre os animais", salienta Joe Rohde. "Elas são sobre nós mesmos... sobre as nossas relações com os animais, sobre o que eles significam para nós e sobre o que podemos significar para eles, tanto de bom quanto de ruim. Mesmo o mundo que estamos criando agora no Animal Kingdom da Disney, Avatar, e seus animais imaginários, é uma metáfora do nosso mundo real, das criaturas que há nele e de como nos relacionamos com elas."

Organizar a sequência e o fluxo de ideias não serve apenas para criar a narrativa do parque temático; de fato, é uma maneira de tornar as apresentações mais eficazes – tão eficazes quanto possível – em qualquer meio de comunicação.

Mandamento nº 4
Crie um wienie (ímã visual)

Walt Disney chama de “wienie” (que significa salsicha vienense) os marcos visuais que conduzem os convidados com clareza e lógica através de uma vivência. Estamos falando de ícones, ímãs visuais, que de longe atraem o visitante a um alvo específico em um parque Disney: o castelo que domina o extremo da Main Street; o foguete ou os jatos rodopiantes na Tomorrowland; o imponente Teatro Chinês nos Disney Hollywood Studios; a Spaceship Earth no Epcot.

Lembre-se deste mandamento na próxima vez que alguém lhe pedir orientação para chegar à sua casa. Existe uma torre de igreja, um prédio escolar ou um acidente geográfico natural que você possa usar como referencial, ou seja, como uma wienie?

Uma das primeiras receitas que aprendemos com os grandes *chefs* de design da Disney foi como preparar uma wienie. O menu inclui ícones que ficaram quase tão famosos quanto a Torre Eiffel, em Paris, o Big Ben, em Londres, ou a *Unisphere* – escultura símbolo da Feira Mundial de Nova York de 1964-1965 e que até hoje recebe visitantes no parque Flushing Meadows, no bairro de Queens.

Aliás, uma das wienies favoritas de Walt Disney foi criada para a Feira Mundial de Nova York de 1964-1965: a Tower of the Four Winds, que convidava os visitantes à apresentação inaugural de

"Its's a Small World" – originalmente uma saudação às crianças do mundo para o Fundo das Nações Unidas para a Infância (Unicef).

Há anos, quando a primeira exposição dos tesouros da tumba do rei Tutancâmon viajou para os museus americanos, a equipe do Museu de Arte do Condado de Los Angeles pediu a John Hench que revisse o *layout* da exposição. Segundo Hench, eles tinham colocado um dos maiores tesouros – a incrível máscara de ouro do faraó menino – bem no início da exibição. John me contou que imediatamente deduziu que, naquele local, a peça seria, literalmente, de parar o trânsito da exposição. Então, ele a deslocou para o finzinho do percurso, tornando-a uma wienie, o ímã visual que estimularia a movimentação do público pela exposição.

E o Mousecar vai para...

Os castelos da Fantasyland nos parques Disney ao redor do mundo

Por mais icônico que o castelo original da Disneylândia seja considerado hoje, mais de sessenta anos após o nascimento da Disneylândia, é de se perguntar por que os Imagineers simplesmente não reproduziram o Castelo da Bela Adormecida como símbolo dos parques Disney à medida que eles foram sendo criados ao redor do mundo. Na realidade, nos cinco parques no estilo do Magic Kingdom, há três castelos diferentes – e um quarto estilo construído em Xangai. Uma wienie não apenas atrai o convidado a determinado destino, como também cria um tema que unifica uma atração ou vivência.

O castelo da Disneylândia foi erguido de acordo com as seguintes instruções do chefe: "Ele deve ser alto o suficiente para ser visto de qualquer parte do parque. Deve servir de orientação para as pessoas". Ou seja, uma wienie. O primeiro esboço foi feito por Herb Ryman, que disse: "Eu o projetei com o objetivo de promover a ideia dos meus amigos Dick Irvine e Marvin Davis de que ele se baseasse no castelo do rei Luís II, da Baviera".

Mas Herb se permitiu uma licença arquitetônica, por assim dizer, ao reproduzir o famoso monumento. Como o Imagineer Randy Bright escreveu no livro *Disneyland: Inside Story* [Disneylândia: a história dos bastidores, em tradução livre], Ryman observou que o castelo bávaro ficava voltado para trás no plano da Disneylândia. Um dia, ele pegou a maquete do castelo e posicionou-a com as torres voltadas para a Main Street. Quando Walt Disney entrou na Oficina de Maquetes e viu o castelo assim posicionado, imediatamente gostou da ideia de Ryman. "Fim de papo", escreveu Bright. "Walt gostou do modelo com o telhado azul", recorda Harriet Burns, "porque achou que se misturaria com o céu, fazendo o castelo parecer mais alto".

Mas na hora de projetar um castelo para o Magic Kingdom do Walt Disney World, o castelo do rei Ludwig simplesmente não funcionava. A versão da Disneylândia tinha apenas 23,5 metros, uma altura adequada quando avistada de uma distância máxima de cerca de 320 metros, desde a estação de trem.

Já o Castelo da Cinderela, no espaço de 11 hectares do Walt Disney World, precisaria ter ainda mais destaque para ser avistado a aproximadamente 1,5 quilômetro de distância, desde a chegada dos convidados ao Transportation and Ticket Center. Ou seja, o castelo precisaria ser muito mais alto. Os Imagineers, então, construíram a torre mais alta do castelo com quase 58 metros de altura, o bastante para se sobressair na paisagem baixa e pouco acidentada da Flórida e um pouco abaixo do limite que obriga a instalação de uma luz vermelha de sinalização para aviões.

Na Disneylândia de Tóquio, inaugurada em 1983, o castelo reproduzido foi o da Cinderela. Já na hora de criar um castelo para a Disneylândia de Paris, em 1992, os Imagineers perceberam que nem o Castelo da Bela Adormecida da Disneylândia nem o Castelo da Cinderela do Walt Disney World cairiam bem; afinal, não poderíamos simplesmente construir um castelo alemão nas redondezas de Paris, e os franceses não receberiam bem uma cópia de um de seus históricos *châteaus*. Era necessária uma nova abordagem, que atendesse às exigências específicas da Disneylândia de Paris.

No livro *Dream it! Do It!*, inseri o relato de Tom Morris, produtor dos espetáculos da Fantasyland, para a revista oficial da Disney, *Twenty-Three* sobre o surgimento do conceito em Paris e os diversos obstáculos criativos enfrentados:

> Optamos por um castelo extravagante, que parecesse saído diretamente de um conto de fadas europeu. A maneira como o Monte Saint-Michel se projeta, elevando-se em direção ao céu, foi uma inspiração a princípio. Fiz um *tour* pelos castelos do Vale do Loire, a oeste de Paris (inspiração para o Castelo da Cinderela). As janelas do castelo de Chaumont eram interessantes, a torre do Azay-le-Rideau me deixou impressionado, alguns fossos eram soberbos, [e] um vitral em particular me intrigou. Havia inspiração por toda parte.
>
> Por fim, queríamos incorporar as "árvores quadradas" do filme *A Bela Adormecida*, de Walt, de forma a dar ao castelo um ar Eyvind Earle, o diretor de arte de *A Bela Adormecida*. Para o filme, ele se inspirou nas tapeçarias do Museu de Cluny, em Paris, para que a história fechasse um ciclo.
>
> O dramático Château de la Belle au Bois Dormant (o Castelo da Bela Adormecida) mistura técnicas francesas de construção contemporâneas (concreto e aço) [...] com métodos artesanais locais europeus: gesso entalhado, vitrais para as janelas, decoração em metal, padrões de telhas e tapeçarias (para o interior do palácio). Algumas das empresas que prestaram esses serviços já existiam havia mais de quinhentos anos, especialmente as que fizeram as tapeçarias e as telhas.

Os mais recentes castelos Disney, ambos na China, tiveram abordagens radicalmente distintas. A entrada da Main Street da

Disneylândia de Hong Kong, inaugurada em 2005, tem como referência a Main Street do parque de Anaheim. Então, foi natural optar por reproduzir o Castelo da Bela Adormecida original como a wienie que convida os visitantes a seguir pela Main Street até a Central Plaza, de onde cada uma das atrações irradia.

Mas a equipe de Xangai tinha diante de si um contexto muito diferente – uma página em branco na qual suas imaginações, talentos em design e necessidades operacionais tinham que ser totalmente reimaginados para um novo mundo com uma dinâmica e expectativas sem precedentes.

Coulter Winn, diretor criativo da arquitetura do Enchanted Storybook Castle, da Disneylândia de Xangai, me forneceu um panorama geral do olhar cuidadoso sobre o projeto desse castelo:

> Em 2010, Bob Weis, executivo de criação para o projeto da Disneylândia de Xangai, me pediu para chefiar o projeto do castelo do Shanghai Disney Resort, que ainda estava no começo da fase "blue sky", o princípio do projeto. Ele organizou uma competição entre diversos designers, arquitetos e consultores da Walt Disney Imagineering para ver se alguém apareceria com um conceito irresistível para o projeto do castelo.
>
> Houve uma série de propostas, mas a vencedora foi a de Doug Rogers, que tinha acabado de concluir seu trabalho como diretor de arte do filme *Enrolados*, cujo castelo ele tinha projetado. A base do castelo do esboço de Doug se assemelhava a um *château* francês, bem diferente das bases muradas sobre as quais se erguem os castelos Disney em geral. A equipe usou o esboço de Doug como modelo para desenvolver o projeto.
>
> O programa da construção era o mais complexo de todos os castelos Disney. Incluía um palco para espetáculos com funções de apoio para elenco e artistas; cenários de um passeio de barco com um espetáculo subterrâneo; local para armazenamento e manutenção dos barcos; lojas de varejo; um restaurante com capacidade para 250 pessoas; uma atração estilo *walk-through*, na qual o convidado explora o castelo a pé;

atrações nas quais os convidados conhecem e cumprimentam personagens; uma butique de caracterização de personagens; um jardim secreto com um claustro (inspirado no jardim do Monte Saint-Michel, mas bem menor); um mirante para o jardim principal; e um espaço VIP. Os elevadores tinham que separar o trânsito do elenco do trânsito dos convidados, mas, ao mesmo tempo, precisavam estar dispostos de forma que os artistas pudessem aparecer magicamente para entreter as pessoas. Além dos elevadores, uma enorme escada de dupla hélice também leva e traz os convidados para a atração *walk-through*, localizada no terceiro andar. Em comparação, o Castelo da Cinderela no Walt Disney World tem apenas um restaurante menor e uma butique de caracterização.

Ao mesmo tempo que todas essas funções eram pensadas, a montagem do castelo exigia um estudo minucioso. A questão era construir um castelo singular, mas que ainda fosse um membro da família de castelos da Disney, por assim dizer. Era uma tarefa intimidante, já que se desejava que ele tivesse um aspecto vertical. Assim que a base começou a tomar forma, a tarefa seguinte foi estudar como as torres deveriam ser dispostas, a fim de dar ao castelo a sua identidade Disney. Isso foi feito com a ajuda de simulações computadorizadas, o que permitiu diversas análises rápidas. Com quase 60 metros de altura, o castelo de Xangai é aproximadamente 3 metros mais alto que o Castelo da Cinderela na Flórida e cerca de 37 metros mais alto que o Castelo da Bela Adormecida na Disneylândia.

Quando o projeto de design foi concluído, eu achei que o castelo ainda tinha algum problema de identidade. Uma visita ao castelo de Neuschwanstein, em Füssen, Alemanha, em 2011, deu-me a clareza de que eu precisava. É o castelo que figura em todos os cartazes de viagem à Alemanha, empoleirado no topo de uma colina, com vales e montanhas além. Neuschwanstein é o castelo que influenciou profundamente o design do castelo original da Disneylândia. A parte exterior desse castelo é de uma simplicidade muito elegante, que me impressionou.

Durante o projeto, foi construída uma grande maquete para estudar o posicionamento do castelo no local. Na minha primeira viagem de pesquisa, fiquei impressionado com a forma como os castelos se assentavam ao solo, parecendo às vezes ser erguidos diretamente da rocha sólida, com pedras maiores na base, as quais se tornam menores conforme se aproximam do topo. Eu queria capturar um pouco dessa aparência, para dar verossimilhança e elegância ao castelo. Maquetes são ferramentas muito informativas, não podem ser substituídas por modelos virtuais. Na Imagineering, nós sempre usamos os dois.

O projeto desse castelo foi repleto de desafios e também muito divertido. Estou ansioso para ver os convidados curtindo!

E o Pateta vai para...

O World Bazaar Center Street da Disneylândia de Tóquio

Sei que serei criticado por essa escolha. Como é possível desmerecer uma das realizações mais bem-sucedidas da história dos parques Disney? Deixe-me explicar.

A equipe da Disneylândia de Tóquio analisou todos os fatores relacionados à construção de um novo parque em Urayasu, na província de Chiba. O clima foi um dos principais fatores considerados. A Disney nunca tinha construído ou operado um parque em um local em que o frio do inverno fosse uma questão. Para garantir o conforto dos convidados, a nossa equipe e a Oriental Land Company, dona da Disneylândia de Tóquio, decidiram que era imprescindível cobrir e vedar a rua principal com um dossel de vidro – afinal, chove (chove muito!) e algumas vezes até neva durante os meses de inverno em Tóquio. Já no verão, o calor e a umidade são a regra. Para dar um ar internacional, o World Bazaar ganhou estilo vitoriano.

As lojas, as instalações de alimentação e os serviços aos convidados são típicos das Main Streets descobertas dos outros parques Disney ao redor do mundo. Duas importantes mudanças, porém, dão à Disneylândia de Tóquio um aspecto muito diferente – e também tornam diferente a primeira impressão dos convidados .

Em primeiro lugar, é o único parque ao estilo Magic Kingdom que não tem uma estação de trem na entrada nem uma ferrovia ao redor do parque. (A viagem de trem se tornou uma aventura à parte nas áreas Frontier/Westernland.)

Em segundo lugar, a Center Street – assim denominada pela sua localização – divide o World Bazaar em dois e, como resultado, permite que os convidados escolham uma rota para entrar no parque sem que sejam necessariamente conduzidos até a Central Plaza.

O que poderia ter sido a melhor wienie de todos os parques da Disney, com a estrutura do dossel de vidro emoldurando perfeitamente o Castelo da Cinderela quando o visitante olha do World Bazaar para o centro do parque, ficou, ao contrário, apequenado pela presença de duas rotas de fuga. Se virar a leste na Center Street e der alguns passos, o visitante de repente chega à Adventureland. Se virar a oeste, se depara com a Tomorrowland bem diante de si.

Eu me arrisco a dizer que, desde a inauguração da Disneylândia de Tóquio, há mais de trinta anos, em 12 de abril de 1983, pouquíssimos dos milhões de convidados pararam para refletir a respeito dessa questão da Center Street. Mas isso não faz dela um acerto. É verdade que eu sou um purista da Disney quando se trata da importância da orientação aos convidados e do papel do castelo. "Ele deve ser alto o suficiente para ser visto de qualquer parte do parque", disse Walt a Herb Ryman. "Deve servir de orientação para as pessoas."

Para mim, a Center Street da Disneylândia de Tóquio leva o prêmio Pateta. Mas sempre aprendemos com as nossas experiências. Basta notar que os Imagineers não replicaram esse arranjo em nenhum parque construído depois.

Mandamento nº 5
Comunique-se com linguagem visual

Tendo começado a minha carreira como redator no departamento de relações públicas da Disney, sempre pensei que os principais pontos de referência da linguagem fossem a leitura e a escrita. Mas, em uma das minhas primeiras conversas com John Hench, ele usou a expressão "linguagem visual".

Ainda que poucos Imagineers fossem tão letrados quanto John, todos nós imediatamente compreendemos o que ele quis dizer. Como designers e contadores de história, fazemos uso de formas não verbais para comunicar: cor, forma, formato, textura.

Hench explicou melhor essa questão no seu excelente livro *Designing Disney: Imagineering and the Art of the Show*, publicado pela Disney Editions em 2004:

> Prestamos muita atenção à relação entre as cores e à maneira como elas nos ajudam a contar nossas histórias. Nada em um parque temático é visto isoladamente [...] Visualizamos os prédios, suas fachadas, um ao lado do outro e também no contexto do calçamento, da paisagem, do céu com suas mudanças de tempo, assim como dos adereços e dos mobiliários que estejam próximos a essas estruturas [...] A cor ajuda os convidados a tomar decisões na medida em que define a identidade de cada atração em um parque.

Para ser um comunicador eficaz, faça bom uso de todas as ferramentas não verbais de que dispõe.

E o Mousecar vai para...

O World Showcase, no Epcot, no Walt Disney World

Fui duplamente abençoado no dia, no final da década de 1970, em que o Disney Legend Fred Joerger, o grande criador de maquetes, apareceu no meu escritório com uma sugestão: "O que você acha de chamarmos Harper Goff para trabalhar no projeto do Epcot?".

A primeira bênção foi o próprio Fred Joerger. Junto com Harriet Burns e Wathel Rogers, ele tinha definido o design dimensional na

Imagineering. Mas, no começo de 1979, depois de 25 anos, Fred se aposentou. Antes de o ano terminar, usei minha amizade com Fred – e minhas responsabilidades criativas no projeto do Epcot – para convencê-lo a se desaposentar e se tornar o diretor de arte de campo do novo parque.

Você não faria tudo que estivesse ao seu alcance para trazer para sua equipe a pessoa responsável por dar a Pirates of the Caribbean, a Submarine Voyage e a outras marcas registradas da Disney a cara que os diretores de arte da Imagineering imaginavam para esses projetos?

Minha segunda bênção foi que Harper Goff, amigo de Fred Joerger, estava procurando um novo projeto no qual embarcar. Ali estava a oportunidade para outro grande Disney Legend completar um ciclo em sua carreira. Harper tinha desenhado alguns dos conceitos iniciais da Main Street da Disneylândia, EUA – há quem diga que eles se remetiam à cidade natal de Harper, Fort Collins, no estado do Colorado –, e depois o exterior ameaçador e o luxuoso interior vitoriano do submarino *Nautilus*, da atração Vinte Mil Léguas Submarinas, de Walt.

O que eu achava de chamar Harper Goff para trabalhar no Epcot? Ora, Fred, fala sério!

Comunique-se com linguagem visual. É difícil pensar em uma ilustração entre as quase 200 mil do cofre da Imagineering – todos desenhos de Herb Ryman, John Hench, Marc Davis, Claude Coats, Sam McKim, Harper Goff etc. – que faça isso melhor do que o desenho de Goff que ilustra as relações dos países no World Showcase. As ilustrações de Harper, além de outras de Dorothea Redmond e Collin Campbell, com frequência ressaltavam características arquitetônicas instantaneamente reconhecíveis. Elas dizem muito sobre a importância de nos comunicarmos com linguagem visual com nossos convidados.

Meu ex-parceiro na liderança dos Imagineers, Mickey Steinberg, me escreveu sobre a suspensão da descrença que os convidados vivenciam nos projetos concebidos pelos Imagineers. "Ninguém é melhor do que os Imagineers em criar espaços que estimulem a suspensão da descrença", escreveu Mickey. "Por um instante, as crianças realmente acreditam estar em uma terra mágica, ainda que saibam que estão na Flórida. Por um instante, a minha cunhada acreditou estar em Paris, embora soubesse que na realidade estava na Flórida."

Obrigado, Harper – por esse conceito e pelos conceitos de design para os pavilhões do Japão, Itália, Alemanha, Marrocos e Reino Unido.

E obrigado, Fred Joerger!

E o Pateta vai para...

A Haunted Mansion da Disneylândia

Estou arrumando encrenca para mim mesmo com esta escolha... mas tenho que ser honesto. Parte da minha relutância em criticar

Walt Disney está no fato de que o próprio Walt gostou bastante de algo que eu escrevi e que reforçou o *seu* conceito, e agora vou criticar isso.

Na página seguinte, está a placa exibida do lado de fora da Haunted Mansion da Disneylândia desde 1965 – quatro anos antes de a atração ter sido inaugurada, em 1969.

Sem esquecer que estamos tratando do Mandamento nº 5 da Disney – Comunique-se com linguagem visual –, eis a questão: por fora, a mansão não parece assombrada. Aliás, é bem possível que o exterior da casa tenha sido projetado e construído antes da concepção do espetáculo que ocorreria no seu interior. E *não* é assim que se produz uma boa narrativa.

Penso que Walt não teria tratado o conceito dessa forma se não fosse o fato de que a Imagineering, na época em que a parte externa da Hautend Mansion foi construída, estava quase totalmente concentrada na criação de quatro espetáculos da Disney para a Feira Mundial de Nova York de 1964-1965. Isso foi em 1963, muito antes de existirem sinistros fantasmas sorridentes, de Doom Buggies conduzirem os visitantes pela atração e de Madame Leota ler a sorte deles.

Walt determinou que a Disney mantivesse uma mansão imaculada "do lado exterior... e os fantasmas exerceriam as suas habilidades pós-morte no interior". Em uma entrevista concedida no Reino Unido, no começo da década de 1960, perguntaram-lhe o que estava fazendo ali, e ele respondeu: "Recrutando fantasmas que não querem se aposentar para a minha Haunted Mansion". No fim, não importava o que o exterior daquela casa comunicasse; todos sabiam que o *interior* seria algo muito especial.

E como foi divertido para mim comunicar isso em "linguagem verbal" naquela placa!

Aviso!
Todos os fantasmas e espíritos errantes
Arrendamentos pós-morte estão agora disponíveis nesta
MANSÃO MAL-ASSOMBRADA

Não fique exposto à luz do sol! Desfrute de uma aposentadoria ativa em uma atmosfera de clube de campo – endereço da moda de fantasmas famosos, fantasmas em busca do sucesso e… fantasmas com medo de viver sozinhos! O arrendamento inclui licença para aterrorizar os visitantes na Galeria de Retratos, no Museu do Sobrenatural, no cemitério e em outros felizes locais de assombração. Para fazer reserva, envie um currículo com as suas experiências passadas para: Departamento das Relações Fantasmagóricas, Disneylândia.
Por favor, não faça a solicitação pessoalmente!

Mandamento nº 6
Evite excessos – crie estímulos

Sua primeira tarefa em qualquer novo projeto é aprender o máximo que puder sobre o assunto da sua história ou daquilo que lhe foi designado. A segunda tarefa é se tornar um grande editor. Resista à tentação de sobrecarregar o seu público com tudo aquilo que você aprendeu, com excesso de informação e de objetos.

Quando os Imagineers estavam projetando o Epcot do Walt Disney World, eu disse muitas vezes à nossa equipe que estávamos criando *estímulos* acerca do tema de cada um dos principais pavilhões: energia, transporte, alimentação, saúde, comunicações, espaço.

Primeiro, eles precisavam se tornar peritos nos assuntos que lhes foram designados. Depois, precisavam sintetizar aquilo que tinham aprendido para as nossas atrações, espetáculos e exposições. Um exemplo: Peggy Fariss, trabalhando com autoridades externas na história das comunicações para a Spaceship Earth, concluiu a sua tarefa com uma bibliografia de fontes de informação que encheram dezenove páginas datilografadas. Ela era capaz de fornecer informações sobre a língua dos faraós egípcios e explicar as antigas tragédias gregas – quaisquer dados necessários para os designers que estavam criando o passeio de oito minutos pela Spaceship Earth. Aquilo que os designers comunicariam visualmente e pela narração ouvida nos veículos em movimento tinha que ser reduzido, a partir das múltiplas páginas de Peggie, a uns poucos segundos sobre cada evento histórico retratado.

Lembre-se: você não está participando de um programa televisivo de perguntas e respostas. Você deve despertar o interesse do seu público com não mais do que algumas declarações visuais e sonoras. Faça com que os visitantes queiram saber mais sobre o assunto!

E o Mousecar vai para...

Peter Pan's Flight,
Fantasyland, Disneylândia

Em uma experiência de entretenimento, o excesso pode, às vezes, ser o excesso de uma coisa boa. No entanto, uma ideia ou experiência simples e direta se sai ainda melhor.

Respeito e admiro muito os primeiros Imagineers que constituíram as equipes de criação e produção de Walt na WED Enterprises. A maior parte deles veio para a roteirização e criação dos parques Disney depois de passar anos comandando produções de cinema e televisão dos Disney Studios, principalmente no universo da animação e seus pintores de segundo plano, estilistas de cores e artistas de personagem.

Sr. Sapo, Timóteo, Wendy Darling e Peter Pan não eram apenas nomes familiares. Alguns dos primeiros Imagineers conviveram com essas estrelas durante semanas ou meses, dando a elas vida na tela.

De todo modo, conviver com Sininho, Peter Pan e Capitão Gancho na prancheta durante meses é uma coisa. Traduzir um filme de animação de 66 minutos em uma experiência de 3 minutos é outra muito diferente. Pode parecer simples evitar o excesso quando se tem menos de 3 minutos para contar uma história. Mas imagine-se por um instante sentado ao lado dos Disney Legends Ken Anderson,

Claude Coats, Bill Martin e Yale Gracey, cada qual com sua prancheta, com a seguinte missão designada por Walt: proporcionar aos convidados a emoção de voar sobre Londres em um navio pirata à luz do luar. Com dois grandes poréns:

1. Não existia nenhum sistema de passeio desse tipo.
2. Não era possível usar lâmpadas halógenas, painéis de controle com sistema *touch screen*, modelagem 3-D, programação computacional, luzes LED etc. *porque nada disso estava disponível em 1955.*

Com o passar dos anos, a Peter Pan's Flight foi aprimorada, inclusive com uma importante atualização realizada em 2015. A atração do tipo *dark ride*[1] mais popular já criada ainda é o voo em um navio pirata suspenso por um sistema de cabos – um verdadeiro voo com o próprio Peter Pan. Mais de sessenta anos depois, continua sendo, desde o primeiro dia da Disneylândia, 17 de julho de 1955, a aventura simples que criou estímulos e evitou excessos.

Como o autor Ray Bradbury escreveu, "[Walt] Disney cometeu muitos erros. E que artista não comete? Mas, quando ele voa, voa para valer. Eu estarei em dívida com ele por toda a vida por me permitir sobrevoar Londres noite adentro, observando, lá de cima, aquela cidade fabulosa em uma viagem com Peter Pan".

---

1. *Dark ride*: passeio num ambiente fechado e em geral escuro, em que um veículo guiado por controle remoto se move através de cenas iluminadas que podem conter som, animação, música e efeitos especiais. Nos casos em que mostra cenas que pretendam amedrontar os passageiros do veículo, também é chamado de trem-fantasma. [N. E.]

E o Pateta vai para ...

America, produzido pelo Disney Legend Bob Jani no Radio City Music Hall

Quem teve o privilégio de conhecer Robert F. Jani reconhece que, como vice-presidente de entretenimento da Disney, ou como o produtor que revitalizou o Radio City Music Hall em Nova York, na década de 1970, e mesmo como produtor da indústria de eventos (notavelmente da comemoração do bicentenário da independência dos Estados Unidos, em 1976, no Porto de Nova York), ele foi um dos raros gigantes na sua área. Basta dizer "Electrical Parade" a um fã dos parques Disney para entender que o produtor Bob Jani pertence ao rol das principais forças criativas.

Embora a base de Jani no *show business* tenha sido a Disney, um espetáculo que Bob produziu e apresentou na década de 1970 no Radio City Music Hall – depois de ter deixado a Disney e criado a Robert F. Jani Productions – serve de lembrete de que é possível se apaixonar pelo seu meio e pelo potencial deste e acabar sobrecarregando o público, e, em vez de criar estímulos, gerar desânimo e desinteresse.

Eu me lembro de me voltar para minha esposa, Leah, enquanto assistíamos e ouvíamos as primeiras saudações aos cinquenta estados dos EUA. "Você se deu conta", disse a ela baixinho, "de que ainda estamos no quarto estado? Ele vai apresentar toda uma enciclopédia dos cinquenta estados, um por um, e faltam 46. Será uma longa noite!"

Bob amava os EUA. Muitas das suas produções icônicas dentro e fora da Disney foram façanhas patrióticas. Mas, na hora em que percebi o que teríamos pela frente naquele dia no Radio City Music Hall, aqueles 46 estados restantes serviram de lição para mim: nunca sobrecarregue o seu público com os seus próprios estímulos. A plateia pode até acompanhá-lo nas primeiras páginas, mas nem todos leem no mesmo ritmo. Se você não tomar cuidado, você e seu público podem acabar não lendo sequer o mesmo livro.

Mandamento nº 7

Conte uma história de cada vez

Boas histórias são claras, lógicas e coerentes. Não se afaste do enredo.

Na década de 1930, os Disney Studios inventaram os *storyboards* – painéis de 1,20 metro por 2,40 metros nos quais se afixam esboços e outras ideias. Hoje em dia, eles são usados em toda a indústria do entretenimento e em outros campos também. Os *storyboards* são obrigatórios no nosso trabalho como uma forma de desenvolver as sequências das histórias.

O objetivo é criar uma narrativa que seja coerente do primeiro ao último esboço. Nós tentamos encontrar os furos na história, corrigi-los, construir a ação de uma cena quando necessário e, acima de tudo, criar uma linha narrativa clara e que possa ser revista sob todos os aspectos, de forma que qualquer pessoa que venha a se envolver com a sua composição compreenda o ponto central do projeto: a história.

A revisão do *storyboard* pode ajudar a revelar um ponto importante ou um personagem fraco, no qual pode-se voltar a trabalhar, sem jogar fora todo o bom material desenvolvido pelos criadores. Quando nossa equipe reviu o conceito do *Mickey's PhilharMagic* com o então CEO da Disney Michael Eisner, ele gostou de tudo, menos do personagem principal. "A Sininho é boazinha demais", disse.

"Precisamos de um algum conflito. Por que vocês não tentam o Pato Donald?". Foi uma sugestão cheia de inspiração, que injetou o tom preciso no show; afinal de contas, Donald não está sempre tentando aparecer mais do que o Mickey, o que resulta em quedas de bunda e constrangimento?

Foi assim que a nossa história se tornou clara e lógica. Todos nós nos prendemos à nova narrativa, e o *Mickey's PhilharMagic* continua sendo um grande sucesso do Magic Kingdom, da Flórida a Hong Kong.

E você não precisa de um painel de 1,20 metro por 2,40 metros para criar uma série de esboços ou de ideias que ilustrem uma história. Pode fazer esboços em miniatura, com desenhos rudimentares e diminutos, de 5 centímetros por 5 centímetros, que possam ser feitos rapidamente, revisados com facilidade e utilizados para comunicar a história de forma simples e eficaz.

E o Mousecar vai para...

O Carousel of Progress

- Feira Mundial de Nova York 1964-1965
- Disneylândia 1967-1972
- Magic Kingdom, Walt Disney World 1975-hoje em dia

Desde os primórdios da Disneylândia, Walt Disney queria contar a história de como a tecnologia mudou o mundo. Uma das primeiras tarefas que me foram designadas, em 1957, foi a de criar um folheto que delineasse essa história. O folheto descrevia um projeto chamado Edison Square, que foi originalmente planejado como uma nova rua transversal que saía da Main Street na Disneylândia dos EUA.

As primeiras concepções de Walt sobre a Edison Square foram influenciadas por suas visitas à Greenfield Village, de Henry Ford, em Dearborn, estado do Michigan. Ao longo dos anos, Ford foi adquirindo alguns dos mais icônicos nascedouros da engenhosidade americana, incluindo o laboratório original de Thomas Edison, que foi integralmente realocado, do chão ao teto – ou melhor, do chão à lâmpada –, de Menlo Park, estado de Nova Jersey. O amor de Walt Disney pela história dos EUA e seu respeito pelos homens e mulheres cuja genialidade pavimentou a liderança do país em tantos campos fez com que ele se lançasse em novas aventuras na arte de contar histórias sobre os feitos dessas figuras.

Apesar das incríveis ilustrações de Sam McKim, John Hench, Herb Ryman e Paul Hartley e da organização do presidente da WED, Bill Cottrell, a Edison Square nunca foi além da fase de conceito. Então, quando a General Electric procurou Walt Disney em busca de ajuda com a criação do pavilhão para a Feira Mundial de Nova York de 1964-1965, a Edison Square subitamente adquiriu nova vida.

A primeira questão foi como comportar o enorme número de pessoas que iriam à feira (que acabou atraindo 50 milhões de visitantes em suas duas temporadas). No conceito inicial, a Edison Square da

Disneylândia foi projetada como uma atração *walk-through*, em que os convidados usavam os próprios pés para ir de um cenário a outro, acompanhando o desenrolar da história da evolução da eletricidade.

Mesmo nas melhores situações, administrar até mil pessoas por hora é um desafio – e isso se torna totalmente impertinente quando o palco é uma feira mundial.

Walt também sabia que a GE queria simplificar a história do impacto da eletricidade – pelo menos na atração principal, que atrairia os convidados para o seu pavilhão. Portanto, foram estabelecidas duas metas principais:

- A capacidade do espetáculo deveria dar conta de um fluxo de, pelo menos, 2.500 pessoas por hora.
- Não importava o que mais fosse apresentado no pavilhão da GE, o principal espetáculo de Walt deveria ser sobre o impacto dos produtos elétricos *dentro dos lares*.

A primeira meta foi alcançada por Roger Broggie e o setor de mecânica dos Disney Studios. O Carousel of Progress tinha uma capacidade teórica de 3.600 pessoas por hora. Do ponto de vista da atração, Walt e os designers da WED converteram o modelo *walk--through* da atração sobre a Edison Square em uma "peça" de quatro atos, com um prólogo e um epílogo. Era um conceito ímpar, em que as cenas do espetáculo ocorriam *no centro do teatro* e o público viajava em seis auditórios móveis, se locomovendo ao redor dos palcos centrais. Pense em uma rosquinha: as poltronas ficam na parte que você comeria. O vazio no centro da rosquinha é preenchido com todos os cenários, personagens Audio-Animatronics, iluminação e a tecnologia que faz funcionar a produção.

"Bem-vindos ao Carousel of Progress", entoa o narrador, originalmente a estrela de filmes de faroeste Rex Allen. "A maioria dos carrosséis simplesmente gira e gira, sem nunca chegar a lugar nenhum. Mas, neste aqui, cada volta será um avanço."

É a disposição ideal para contar uma história de cada vez – e para que essas histórias prossigam continuamente, entretendo públicos mesmo meio século depois de sua estreia.

Atualmente, o Carousel of Progress é o espetáculo teatral há mais tempo em cartaz no mundo. Ainda hoje, não há motivos para alterar os três primeiros atos – que representam as décadas de 1890, 1920 e 1940. Eles ainda apresentam a mesma história contada da primeira vez, na Feira Mundial de Nova York, em 1964. O que mudou foi o ato final, que representa a atualidade, com novos produtos domésticos e a mudança nos papéis de mulheres, jovens e avós. O Carousel buscou representar muitas dessas mudanças.

Sem sombra de dúvida, a composição musical de Dick e Bob Sherman feita especialmente para o Carousel of Progress é uma parte fundamental para o legado deste. Ela até hoje continua envolvendo o público do Magic Kingdom do Walt Disney World:

There's a Great Big Beautiful Tomorrow[1]

Richard M. e Robert B. Sherman

There's a Great Big Beautiful Tomorrow
Shining at the end of every day
There's a Great Big Beautiful Tomorrow
And tomorrow's just a dream away

Man has a dream
And that's the start
He follows his dream with mind and heart
And when it becomes a reality
It's a dream come true for you and me

1. Letra e música de Richard Sherman e Robert Sherman © 1963 Wonderland Music Company, Inc. (BMI). Todos os direitos reservados. Usado com permissão.

So There's a Great Big Beautiful Tomorrow
Shining at the end of every day
There's a Great Big Beautiful Tomorrow
Just a dream away

A letra desta música continua inspirando nossas esperanças e sonhos com o futuro – e ajuda a contar a singular história apresentada no Carousel of Progress.

E o Pateta vai para...

Exxon, no Epcot, e os desafios do patrocínio empresarial

Passei muitos anos da minha carreira trabalhando com os patrocinadores empresariais das atrações dos parques Disney, especialmente no Epcot, e, antes disso, dos pavilhões criados por Walt para a Feira Mundial de Nova York de 1964-1965. Com seu apoio financeiro, esses patrocinadores (Disney os chama de colaboradores) muitas vezes determinam se uma atração, espetáculo ou pavilhão é ou não construído.

Na minha experiência, o colaborador que mais apresentou desafios entre todos os que já trabalhamos foi a Exxon, patrocinadora original do pavilhão Universe of Energy (atualmente, Ellen's Energy Adventure), do Epcot. Não é de admirar que ela seja extremamente merecedora do prêmio Pateta, por ignorar este mandamento.

O desafio dos Imagineers e dos operadores dos parques Disney é que os nossos convidados venham aos parques Disney para se entreter. A expectativa deles é que todas as atrações, o entretenimento ao vivo, os desfiles e os espetáculos dos personagens sejam criados pela Disney (e realmente são) e tenham o selo Disney de aprovação. É por isso que toda sinalização das atrações patrocinadas anuncia o nome do espetáculo ou atração seguido de "Apresentado por" e o nome do patrocinador. A intenção aqui é ser literal: eles estão apresentando um espetáculo da Disney e têm orgulho disso.

O meu batismo no trabalho com as grandes corporações foi na Feira Mundial de Nova York de 1964-1965. Para compreender os objetivos da Ford Motor Company, por exemplo, John Hench e eu passamos semanas visitando as instalações da Ford em Dearborn e Romeo, Michigan; Filadélfia; e Newport Beach e Palo Alto, Califórnia. Dou à Ford o crédito de ter entendido que contar uma história de cada vez poderia se traduzir em um panorama completo da companhia no começo da década de 1960. O resultado foi uma apresentação integrada e sequencial que retratou a Ford como uma empresa internacional com uma história rica e que trabalha para criar produtos melhores para o amanhã. Um desses produtos foi destacado no dia da inauguração da feira: a apresentação de um novo modelo Ford, o Mustang. O ponto alto da visita dos convidados ao pavilhão era o passeio Disney Magic Skyway, em que os visitantes passeavam em conversíveis Ford em tamanho real – incluindo o novo Mustang – durante os oito minutos da atração.

Esse é o meu padrão-ouro para trabalhar de forma positiva e bem-sucedida com uma corporação. No outro extremo – e, portanto, a minha escolha para o Pateta –, está a Exxon. Eles queriam incluir tanta informação no espetáculo, muitas das quais hipérboles do marketing da empresa, que seria absolutamente impossível contar uma história equilibrada se aceitássemos tudo.

O Imagineer que ficou mais frustrado foi Randy Bright, meu parceiro no desenvolvimento dos roteiros e dos espetáculos do Epcot. Randy decidiu escrever ele mesmo o roteiro e logo percebeu que o nosso patrocinador parecia estar ignorando três dos nossos mandamentos: Evite excessos, Conheça o seu público e, especialmente, Conte uma história de cada vez. Randy bateu o recorde de roteiros escritos até chegarmos a um acordo com a Exxon e recebermos farol verde para produzir um deles: era a 39ª versão escrita por Randy.

Há muitos exemplos de empresas que entenderam o papel e a responsabilidade de cada uma das partes no desenvolvimento de espetáculos e pavilhões patrocinados nos parques Disney em todo o mundo. Pessoalmente, eu me lembro com carinho da oportunidade de trabalhar com grandes companhias e seus CEOs: William Beers, da Kraft; Harry Gray, da United Technologies; e Roger Smith, da General Motors. As pessoas designadas por eles para trabalhar com a Imagineering compreenderam o que a parceria com a Disney implica. Algumas pessoas da Exxon também compreenderam. Tive uma ótima relação, que se estendeu por muitos anos, com dois de seus executivos, Jack Clarke e Elliot Cattarulla. Mas alguns dos nossos contatos na Exxon se esqueceram das regras e, para mostrar isso a eles, agora que o patrocínio deles ao pavilhão terminou, a empresa levou o merecido Pateta.

Mandamento nº 8
Evite contradições – mantenha a identidade

Ao andar por quase qualquer rua principal de qualquer cidade moderna, você se deparará com a importância deste mandamento: tudo parece gritar por sua atenção – os prédios, as placas, as cores, os sons. Tudo ao redor diz: "Olhe pra mim!"; "Venha cá!"; "Compre o meu produto!".

Compare isso com a Main Street de qualquer um dos Magic Kingdoms. A City Hall parece estar quase em uma conversa amistosa com a Opera House ou o Teatro, do outro lado da Town Square. A cor de nenhum prédio grita mais alto que a de seus vizinhos. Todas as imagens parecem iguais em estatura. Como visitante, você sabe onde está, e cada detalhe reforça a época e a vivência. Apesar de você nunca ter estado ali, de alguma forma você e a sua família se sentem em casa.

Você sabe, como afirma a placa dedicatória na Town Square, que é bem-vindo a "este lugar feliz".

Não podemos voltar os relógios para 1890, mas podemos trabalhar com afinco para sustentar a identidade do nosso cenário ou história. Eliminar os elementos que contradizem o que estamos vendo ou dizendo faz com que nossos convidados se sintam em casa, ontem, hoje e amanhã.

E o Mousecar vai para...

Disneylândia de Xangai, por sua sensibilidade cultural e planejamento antecipado

O passado, por mais rico e repleto de lições e de realizações que possa ser, ainda é um prólogo para os projetos recentes e futuros da Disney, nenhum dos quais tão significativo e com tanto potencial quanto o Shanghai Disneyland Resort.

O executivo sênior de criação da Imagineering que liderou as equipes do projeto de Xangai é Bob Weis. À época da criação do parque, perguntei a ele: "Como você planeja 'manter a identidade' das tradições Disney quando as diferenças culturais são tão pronunciadas na China continental?". Ele respondeu:

> Uma coisa que aprendemos com você foi conhecer o público. No caso da China, isso inicialmente significou nos aproximar e conhecer uma cultura da qual nós, americanos, realmente não sabemos nada. Então, a princípio, passamos muito tempo viajando e visitando o maior número possível de pontos turísticos, hotéis, museus e outros locais públicos, bons e ruins.
>
> Também fizemos simples visitas a alguns lares, conhecemos famílias, visitamos escolas para conversar com professores e alunos etc. Então começamos a reunir ideias cruas para um menu de parque – a maioria tirada de fotos do Walt Disney World e da Disneylândia – e organizamos grupos focais com pessoas de todas as idades, avós, pais, jovens, universitários, crianças. Deixamos que eles estraçalhassem as nossas ideias e os escutamos atentamente. Não aceitamos todas as sugestões indiscriminadamente, mas sem dúvida demos toda a atenção ao que parecia funcionar e ao que exigia explicação em demasia.
>
> O tema "Velho Oeste", por exemplo, simplesmente não animou ninguém. Nem os trens. Coisas desse tipo. Os piratas foram criticados por serem muito parados e tediosos. Entramos em contato com agências de

viagem e convidamos grupos de estudantes que visitavam os Estados Unidos e a Disneylândia a se reunirem conosco para conversar sobre as suas experiências.

Também usamos as impressões que os nossos parceiros colheram dentro das suas próprias famílias e comunidades e fizemos com que eles trabalhassem conosco, avaliando tudo, do castelo ao jantar, passando pelos Piratas. Se eles não entendessem, isso significava que tínhamos trabalho pela frente.

Eu achava importante ter chineses na nossa equipe, não apenas como consultores. Queria Imagineers chineses, e não tínhamos nenhum. Então, nós os inventamos, trouxemos da China continental artistas, escritores, arquitetos. Aprendemos sobre a China com eles e eles aprenderam sobre a Disney conosco. Ainda são alguns dos mais valiosos membros da nossa equipe, e muitos simplesmente serão grandes Imagineers, na China ou em outro lugar.

A maioria esmagadora da nossa equipe em Xangai é chinesa. Eles estão dando forma aos menus, produtos, estilos de operação, cores, a tudo relacionado com a forma como o parque será visto e percebido. Os nossos roteiros estão sendo concebidos por pessoas que têm o mandarim como língua materna – escritos do zero, e não traduzidos. Todos os fornecedores dos espetáculos trabalham na China, de forma que estamos trabalhando diretamente com artistas, escultores e pintores chineses, compartilhando percepções e técnicas.

Os nossos chefes executivos são de Xangai. Convidamos um dos mais renomados artistas tipográficos da China para fazer os ideogramas chineses nas nossas tendas temáticas. As tendas também incluem texto em inglês, mas temos sido mais expressivos com o chinês e isso rendeu uma mistura cultural muito singular e estimulante.

Nosso objetivo ainda é a Disney, mas o parque será inconfundivelmente chinês, já que seu desenvolvimento e muitas das contribuições vieram do nosso elenco chinês e dos Imagineers chineses. Não será como Tóquio, Hong Kong ou Paris. Xangai terá uma atmosfera própria. Temos até, pela primeira vez, crachás bilíngues.

O veredito foi dado quando a Disneylândia de Xangai foi inaugurada para milhões de visitantes chineses e de outros países da Ásia. A abordagem de Bob Weis e dos Imagineers, com planejamento prévio e design inclusivo, estabeleceu um novo padrão de planejamento. Como disse Bob antes da inauguração: "O nosso objetivo ainda é que seja Disney" – manteremos a nossa identidade –, mas "será distintamente chinesa".

E o Pateta vai para...

Le Visionarium: Un Voyage à Travers le Temps,
Euro Disneylândia, na inauguração, em 1992
(substituída por Buzz Lightyear Laser Blast, em 2006)

Em uma das primeiras reuniões que tivemos com a Oriental Land Company (OLC) sobre a Disneylândia de Tóquio, no final da década de 1970 (sobre o resort que foi inaugurado em abril de 1983), a equipe da OLC nos advertiu quanto a fazer um projeto no Japão: "Não nos 'japonizem'!". O que isso significava?

Espertos que somos, deciframos a mensagem: os japoneses são uma população relativamente pequena e homogênea – cerca de 100 milhões de pessoas. Não tente lhes ensinar sobre si mesmos: eles nos procuraram pela Disney e pelos EUA.

Uma pena que os nossos parceiros franceses não estivessem presentes nessas reuniões. As discussões com o governo francês, ao contrário, resultaram em um acordo para criar um espetáculo especial para a Euro Disneylândia (atualmente, Disneylândia de Paris). Eles acreditavam muito que as pessoas que fossem ao parque teriam a expectativa de ver uma atração que exibisse a história e a cultura francesas. "Vive la France!", alguém frisou.

O espetáculo, chamado The Timekeeper ou Le Visionarium: Un Voyage à Travers le Temps, tinha todos os ingredientes para o sucesso.

Foi inaugurado na área mais sofisticada e característica, a Discoveryland, uma versão inspirada em Jules Verne das Tomorrowlands de outros parques Disney. O conceito e o projeto da Discoveryland homenageava os visionários europeus do passado e a possível visão deles do futuro. A Space Mountain, com o carrinho lançado por um canhão, uma visita ao submarino *Nautilus* e o elegante Orbitron voador também enfatizavam o tema visionário.

Entretanto, em 2006, a Le Visionarium foi substituída por Buzz Lightyear Laser Blast – a versão parisiense do Buzz Lightyear Space Rangers Spin, da Disneylândia, e do Buzz Lightyear Astro Blasters, da Disneylândia de Tóquio.

O que deu errado? Uma das dificuldades enfrentadas pela Disneylândia de Paris é a variedade de culturas europeias atraídas pelo parque. Diferentemente da homogênea população do Japão, o público da Disneylândia de Paris é constituído por europeus de vários países. A maioria dos convidados é francesa, mas grande parte vem do Reino Unido, Espanha, Alemanha, Itália e de países do Leste Europeu. Apesar da União Europeia, não existe uma identidade europeia.

Mickey Steinberg, que deixou a Disney em 1994 depois de cinco anos como meu parceiro na Imagineering, tendo dirigido o setor administrativo, financeiro e de gestão de projeto do nosso negócio, foi um dos maiores responsáveis pelo sucesso da inauguração da Disneylândia de Paris. Antes e depois do período em que ficou na Disney, Mickey teve ampla experiência internacional, dirigindo o desenvolvimento do projeto de engenharia e arquitetura do arquiteto de Atlanta John Portman nos EUA, na China e na Europa. Com esse histórico, Steinberg conhecia as condições e nos advertiu sobre como lidar com outras culturas. Seu conselho ponderado foi:

> Você deve discutir o volume de pesquisa e o critério que o designer deverá usar para determinar até que ponto o conceito se encaixa na

cultura e não ofende as sensibilidades do público. Isso é particularmente importante quando se trabalha com personagens e marcas como a Disney. Você tem que se assegurar de que os elementos serão compreendidos, de que não ofendem, de que são amados etc.

Depois, você precisa ponderar se pode usar inglês, e por aí vai. Se não julgar bem algum elemento, você terá cometido uma falta que levará ao fracasso. Você precisa compreender a fundo qualquer público estrangeiro. Essa é uma tarefa em que não se pode errar, portanto, muito difícil.

"No Japão", diz o executivo de criação da Imagineering Daniel Jue, "para cada atração, tentamos fornecer alguma identidade de localização. Isso não significa simplesmente traduzir, mas sim adaptar o conteúdo do espetáculo para otimizar a compreensão e a satisfação dos nossos convidados". Além disso, ao fornecer essa identidade, as chances de cometer contradições que desorientem ou mesmo ofendam os visitantes ficam muito reduzidas.

"Faça o dever de casa", diz o chefe de criação e roteirista Kevin Rafferty. "Uma boa narrativa é uma boa narrativa. Mas... nunca presuma nada." Kevin salienta que na Ratatouille, atração de Paris, um personagem diz uma frase em francês, enquanto outro personagem repete a mesma coisa em inglês. O personagem um (em francês) diz: "Vamos por este caminho!", ao que o personagem dois (em inglês) responde: "Ok, vamos por este caminho!".

Em Le Visionarium, nós nos esquecemos de que o que apresentávamos não era tão universalmente entendido – especialmente com as culturas dinâmicas e diversificadas da Europa. Não foi estabelecida uma compreensão ou identidade universal – provavelmente porque não havia nenhuma para ser criada. Nessas circunstâncias, evitar contradições talvez não tenha sido possível, o que tornou improvável que o espetáculo alcançasse o sucesso.

Mandamento nº 9

Para cada pitada de instrução, uma tonelada de diversão

Lembre-se da letra da música cantada por Julie Andrews em *Mary Poppins*: "Com um pouco de açúcar, até remédio é um prazer". Bob e Dick Sherman pareciam estar falando sobre o ramo da diversão. Como nos disse Walt Disney, nós podemos educar – mas, em um parque Disney, não é assim que chamamos; deixamos que o convidado *descubra*, e quem sabe *aprenda*, cercado de aventuras, música, canções e prazer visual. Em primeiro lugar, e acima de tudo, fazemos tudo o que está ao nosso alcance para *que seja divertido*.

Com atrações como Rocket to the Moon, de 1955, quando a Disneylândia foi inaugurada, Walt realmente demonstrou que aprender pode ser divertido. Ao chamar pioneiros espaciais, inclusive o cientista Wernher von Braun, para trabalhar com seus artistas e roteiristas, Walt criou uma experiência realista de viajar no espaço e pousar na Lua – catorze anos antes de isso acontecer de verdade.

Mais tarde, ele criou Great Moments with Mr. Lincoln para a Feira Mundial de Nova York de 1964-1965. Esse espetáculo foi inaugurado um ano depois na Opera House da Disneylândia. Quando o Walt Disney World foi inaugurado, em 1971, os Imagineers concretizaram a visão de Walt Disney para um Hall of Presidents, onde as palavras reais dos líderes dos EUA nos inspiram em relação ao passado e ao futuro dessa grande nação.

Acredito que o próprio fato de termos colocado esses espetáculos nos parques Disney já diz aos nossos convidados que essas atrações são parte da experiência Disney de diversão em família tanto quanto os Pirates of the Caribbean ou a Haunted Mansion. Graças a Walt, educar os visitantes se tornou parte integrante da experiência dos parques Disney – sem que jamais se use essa palavra. Quem poderia se esquecer da mensagem da canção "It's a Small World", na qual as crianças de muitas nações dizem que "só existe uma lua e um sol dourado, e um sorriso significa amizade para todos"?

A aceitação, pelos convidados, dessas atrações como parte da rede de diversão do passeio se tornou a base para o desenvolvimento do Epcot no Walt Disney World. Como os estudantes que pesquisam profundamente cada incumbência, os Imagineers sabiam que havia histórias maravilhosas para contar sobre os desafios energéticos do mundo, novas descobertas nas profundezas dos oceanos e formas interessantes de cultivar alimentos para um planeta faminto. Tudo o que tínhamos a fazer era seguir o conselho de Mary Poppins: "Com um pouco de açúcar, até remédio é um prazer!".

E o Mousecar vai para...

"It's a Small World", originalmente criada para a Feira Mundial de Nova York de 1964-1965, agora na Disneylândia, no Magic Kingdom, na Disneylândia de Tóquio, na Disneylândia de Paris e na Disneylândia de Hong Kong

It's a Small World[1]

Richard M. e Robert B. Sherman

It's a world of laughter, a world of tears
It's a world of hopes and a world of fears

1. Letra e música de Richard Sherman e Robert Sherman © 1963 Wonderland Music Company, Inc. (BMI). Todos os direitos reservados. Usado com permissão.

There's so much that we share
That it's time we're aware
It's a Small World after all.

There is just one moon and one golden sun
And a smile means friendship to ev'ryone
Though the mountains divide
And the oceans are wide
It's a Small World after all.

Após a publicação de *Dream It! Do It!*, em toda palestra, quase sem exceção, alguém fazia a seguinte pergunta: "Qual é a sua atração preferida nos parques Disney?". Havia motivos para, de vez em quando, eu querer dar respostas diferentes – Pirates of the Caribbean ou Space Mountain.

Mas, no fim das contas, eu sempre acabava respondendo: "There is just one moon and one golden sun/ And a smile means friendship to ev'ryone" ["Só existe uma lua e um sol dourado, e um sorriso significa amizade para todos"]. Que lição de diversão familiar maior do que essa poderíamos apresentar para os milhões de convidados que passeiam a cada ano nos barcos pelos canais que conectam as crianças de todo o mundo? Momentos que educam permeiam toda atração na alegria das crianças que usam suas melhores roupas típicas, cantando e dançando e nos lembrando de que "there's so much that we share that it's time we're aware it's a small world after all" ["Há tanta coisa que compartilhamos que está na hora de percebermos que é um mundo pequeno, afinal"].

Um dos grandes privilégios da minha carreira, antes de eu me tornar o líder criativo dos Imagineers, era escrever material especial (e, com frequência, pessoal) que Walt Disney assinava; ou seja, ser o *ghost-writer* de Walt.

Apesar de ter passado a maior parte da minha carreira na Imagineering, inclusive trinta anos como líder dos roteiristas e designers de criação, nunca fugi das minhas raízes como escritor. Afinal de contas, fui contratado em junho de 1955, um mês antes da inauguração da Disneylândia, para criar o *The Disneyland News*, que seria vendido por US$ 0,10 na Main Street – era o jornal da cidade da Disneylândia. Além disso, eu havia escrito dezenas de apresentações para vender novos projetos para patrocinadores, mídia e público, e tantas introduções de livros sobre os parques Disney que perdi a conta há anos.

Quando reflito sobre todos os comunicados que escrevi naquele meio século, nada se compara ao privilégio e à emoção de escrever palavras que seriam lidas ou escutadas com o nome, a voz e a assinatura de Walt Disney. Escrevi as mensagens dele nos relatórios anuais da década de 1960, nas introduções para os primeiros guias da Disneylândia, nas apresentações sobre a empresa (e também sobre Walt e Roy Disney) para a coletiva de imprensa de novembro de 1965, em Orlando, na qual foi anunciado o projeto do Walt Disney World, e no roteiro do último filme em que Walt aparece. Era o final de outubro de 1966, e o filme – concluído depois da morte dele – era a sua apresentação para o projeto da Flórida e seu conceito para o Epcot: Experimental Prototype Community of Tomorrow (Protótipo Experimental da Comunidade do Amanhã, em tradução livre).

Escrever palavras que seriam impressas, ou gravadas para filmes ou televisão, em nome e na *persona* de Walt Disney é a maior experiência de vida que um escritor pode ter. Eu tinha menos de 30 anos quando recebi a primeira incumbência, e pouco mais de 30 quando escrevi o roteiro do filme sobre o Epcot. Walt tinha deixado as coisas muito fáceis para mim. Ainda tenho as sete páginas de anotações que fiz em duas reuniões realizadas em seu escritório para discutir o filme e ouvir o que ele queria enfatizar e comunicar.

Aprender a usar palavras e expressões que comunicassem as ideias e os planos idealizados por um dos grandes contadores de história e empresários do século XX foi uma verdadeira educação. Logo no início, descobri um livro chamado *Words to Live By* [Palavras que são lemas de vida, em tradução livre], publicado na década de 1940, com mensagens inspiradoras de líderes em muitas áreas sobre suas experiências e carreiras. Cada mensagem tinha uma ou duas páginas. A de Walt tinha como título "Arrisque-se". Além de representar a sua filosofia arrojada, ela era escrita em um tom e estilo que soavam exatamente como o Walt Disney que eu estava conhecendo. Eu tinha encontrado o estilo Walt que viria a simular em roteiros, publicações e narrações, como aquela gravada por Walt para a Magic Skyway que a Imagineering projetou para o pavilhão da Ford na Feira Mundial de Nova York de 1964-1965.

O que, fechando o ciclo, me traz a uma das minhas mais valiosas tarefas: a criação do *Complete Souvenir Guide and Behind the Scenes Story* [Guia completo de suvenires e história de bastidores, em tradução livre] sobre a "It's a Small World", vendido na Feira Mundial de Nova York de 1964-1965, onde essa atração foi apresentada pela primeira vez. A introdução que escrevi para ser assinada por Walt Disney ainda é uma das minhas favoritas, por sua simplicidade e economia de palavras – mas com certeza sem nenhuma economia de significado:

> "A todos os que vêm a este lugar feliz... Sejam bem-vindos."
>
> Essas palavras, gravadas na sua placa dedicatória, simbolizam o espírito caloroso e amistoso da Disneylândia, do nosso Magic Kingdom (Reino Mágico) em Anaheim, na Califórnia.
>
> Agora criamos um outro tipo de "reino mágico", com estreia mundial nesta Feira Mundial de Nova York. Seguindo o tema, e o espírito festivo da feira, tentamos fazer dessa nova atração o mais feliz dos lugares... "um reino mágico de todas as crianças do mundo".
>
> Nós chamamos essa aventura de It's a Small World (É um Mundo Pequeno). Todos nós que participamos de sua criação esperamos que a viagem pelo nosso Mundo Pequeno seja uma experiência memorável para você e sua família.
>
> "A todos os que vêm a este lugar feliz... Sejam bem-vindos."
>
> *Walt Disney*

Se considerarmos o exemplo que Walt nos dá em "It's a Small World" como uma lição ou instrução, não resta dúvida de que essa atração fornece uma tonelada de diversão. Temos muita sorte de o programa de aula de Walt, elaborado da forma mais refinada para a diversão familiar, ainda inspirar crianças de todas as idades, cinquenta anos depois que as palavras de Dick e Bob Sherman foram entoadas pela primeira vez: "though the mountains divide, and the oceans are wide, it's a small world after all" ["apesar de as montanhas dividirem e de os oceanos serem largos, é um mundo pequeno, afinal"].

E o Pateta vai para...

Disneylândia, pela remoção da
House of the Future da entrada da Tomorrowland

Nunca houve um elemento de linguagem visual que representasse a Tomorrowland melhor do que a House of the Future. Foi uma inspiração até para futuros Imagineers.

"Mal sabia eu que ver a House of the Future na Tomorrowland, em uma visita à Disneylândia na infância, em 1966, teria tamanho impacto na minha vida, que me afetaria e inspiraria a, anos depois, escolher a arquitetura como carreira", lembra o designer Oscar Cobos Jr., do Architectural Design Studio, da Imagineering. "A House of the Future me fez pensar nas diferentes formas como o espaço construído poderia afetar as nossas vidas. Com o meu amor pela arte, desenho, física e matemática, a arquitetura foi uma escolha natural, pela qual eu poderia exercitar todos esses assuntos que me davam prazer e que eu amava."

Um relacionamento de respeito e admiração mútuos entre Walt Disney e o renomado cientista/químico Charles Thomas, presidente e, posteriormente, presidente do conselho de administração da Monsanto, resultou na criação de três importantes atrações da primeira Tomorrowland na Disneylândia: a exposição Monsanto Hall of Chemistry, na inauguração oficial do parque; a Monsanto House of the Future; e a Adventure Thru Inner Space, uma das experiências *ride-through* mais populares do parque (especialmente entre os adolescentes) desde a sua inauguração, em 1967, até ser fechada, em 1985, para dar espaço à Star Tours.

A House of the Future, feita toda de plástico, era sem discussão a estrutura mais futurista da Tomorrowland. Ela se erguia sobre um pedestal central elevado, com quatro alas suspensas que se projetavam a partir do eixo. O design e a engenharia da House of the Future resultaram de um esforço conjunto da Monsanto, do Massachusetts Institute of Technology (MIT) e da Walt Disney Imagineering. Ela foi inaugurada em 1957 e removida em 1967.

A aparência da House of the Future evocava a sensação de estar na casa dos Jetsons. O propósito era demonstrar o uso de plásticos na construção e no interior da habitação, a qual previa o "futuro" de 1986, apresentando produtos à frente daquele tempo, incluindo o forno de micro-ondas, a lava-louça ultrassônica, "zonas frias" (no lugar de geladeiras e *freezers*) e lâmpadas de teto com *dimmer*.

Há muitas coisas das quais não sentimos saudades desse começo da Disneylândia – as fantasias dos personagens originais, emprestadas do espetáculo de patinação Ice Capades, em que a Disney tinha licenciado o uso do Mickey, da Minnie e de outros personagens; a loja Hollywood-Maxwell Brassiere Co. na Main Street (bem ao lado da Grandma's Baby Shop), que apresentava vestuário íntimo, sutiãs e corpetes; e a exposição Wonderful Wizard of Bras (O Mágico dos Sutiãs, em tradução livre); ou o Bathroom of the Future (Banheiro do Futuro), patrocinado pela Crane Company na Tomorrowland. Mas, diferentemente dessas atrações "esquecidas", a House of the Future fornecia uma "tonelada de diversão".

Mesmo hoje, parte do legado da House of the Future é a sua remoção do parque – a qual, na verdade, nunca foi totalmente concluída. Quando as equipes não conseguiram demolir a casa utilizando bolas de demolição no processo de remoção, sua fama aumentou ainda mais. Motosserras e maçaricos tiveram que ser usados para desmantelar a estrutura de poliéster reforçado, peça por peça. O alicerce central de concreto ainda existe e é usado como parte de uma área ajardinada à esquerda de quem entra na Tomorrowland.

Talvez devêssemos todos ter dado ouvidos a Ray Bradbury antes de remover a House of the Future: "Walt Disney era um sonhador e um realizador. Enquanto nós falávamos sobre o futuro, ele o construiu. As coisas que ele nos ensinou na Disneylândia sobre planejamento de ruas, deslocamento de multidões, conforto, humanidade etc. influenciarão os construtores, arquitetos e planejadores urbanos pelo próximo século".

Mandamento nº 10

Não deixe a peteca da manutenção cair!

Como pais e mães, nós damos o exemplo para os nossos filhos. Como anfitriões dos parques Disney, damos exemplo para milhões de crianças (e adultos) vindos do mundo todo, a cada dia do ano.

Vejo convidados carregando lixo nas mãos à procura do receptáculo mais próximo para depositá-lo. Mas, no mundo fora dos parques Disney, há boas chances de que não achem lixeiras e de que acabem jogando o lixo na calçada ou na rua. Já os parques Disney são tão limpos que você sabe que não é por mero acaso que calçadas e ruas são impecáveis.

As pessoas nem pensam nisso: elas simplesmente não querem violar os padrões do seu anfitrião. Então buscam a lata de lixo mais próxima, porque a última coisa que querem é que seu filho ou filha (ou cônjuge) os veja dando um mau exemplo.

Para a Disney, não se trata apenas da limpeza das ruas e calçadas. Trata-se de milhares e milhares de coisas que funcionam todas as horas de todos os dias, da animação do leiloeiro do Pirates of the Caribbean ao mergulho do carrinho em forma de tronco da Splash Mountain. Se fizéssemos uma lista de todos os itens que precisam funcionar perfeita e continuamente durante a sua visita – sistemas de ar-condicionado, elevadores, cintos de segurança, freios dos veículos, sistemas de som, dispositivos especiais para convidados com deficiências e incontáveis outros –, passaríamos as férias inteiras tentando elencar aquilo que as equipes de manutenção dos parques e resorts Disney já computadorizaram; todas essas coisas constituem o desafio e a responsabilidade diária dessas equipes.

O princípio fundamental é o seguinte: quando as coisas não funcionam, a sua experiência como convidados é negativamente impactada. Uma manutenção malfeita significa um espetáculo malfeito. E um espetáculo malfeito é inaceitável na experiência Disney.

Em um parque ou resort Disney, tudo tem que funcionar. Não por nós, mas *por você e por sua família*.

E o Mousecar vai para...

A equipe de manutenção da The American Adventure, Epcot, Walt Disney World

Ao pensar no prêmio para este mandamento, encontrei uma entrevista minha, havia muito esquecida, para o Disney Channel, sobre uma das minhas atrações favoritas: The American Adventure, do Epcot.

Talvez tenha sido a narração lírica no vídeo – eu admiro a cadência da fala do ator Lloyd Bridges; e ele acertadamente disse que o espetáculo é "um dos mais ambiciosos que a Disney já criou". Ou talvez tenha sido porque me fez lembrar dos seis anos (e incontáveis fracassos) que foram necessários até que conseguíssemos acertar o espetáculo na Imagineering. (Lição: não tenha medo de errar. Se tudo der certo de primeira, provavelmente você está apenas repetindo algo que já fez.)

Seria simples se as equipes de engenharia e enredo criativo pudessem levar todo o crédito por esse espetáculo. Voltarei a falar sobre isso depois, porque elas realmente realizaram algo incrível.

Mas o meu principal foco aqui é no inacreditável pessoal da manutenção do Epcot, que consegue manter um espetáculo digno da Broadway tão revigorado e atual quanto no dia da estreia, mais de trinta anos atrás, em outubro de 1982.

Seguem-se apenas alguns dos desafios que eles enfrentam todos os dias:

- Manter 35 "atores" Audio-Animatronics desempenhando seus papéis de forma impecável, uma vez por hora, durante todo o dia – inclusive seus movimentos, figurinos de época e marcações exatas em cada cena.
- Garantir que o "trocador de cena" – uma estrutura de aço de aproximadamente 20 × 11 × 4 metros e 160 quilos (o mesmo comprimento de um vagão de trem e o dobro da largura) – esteja sempre na posição exata em cada ato do espetáculo. O trocador de cena, operado por mais de duas dúzias de computadores, move-se horizontalmente para posicionar os *sets* nos lugares corretos. Os *sets* são erguidos ao campo de visão do público por suportes hidráulicos telescópicos. Há sete diferentes elevadores que carregam os treze gigantescos *sets* e os 35 "atores" animados.
- Manter o foco perfeito da tela de projeção traseira – de cerca de 8,5 metros de altura por 47 metros de comprimento. Na época de sua instalação, essa era a maior tela de projeção já usada. Mais de 900 metros de filme de 70 mm são projetados nessa tela.

O diretor Rick Rothschild diz que essa é "a 'peça' mais complicada que já criamos nos nossos parques – e a primeira com tantos 'atores' Audio-Animatronics em cena". Só há uma coisa faltando no palco: o próprio palco. O público de até 1.024 pessoas que o auditório comporta não vê isso, mas os "atores" ficam sobre pequenas plataformas cercadas por vãos, fios e tubos. Há mais uma coisa que os teatros normalmente têm e que não existe aqui: apesar de existir uma sala de guarda-roupas para armazenar figurinos extras, não há camarins. (Em mais de trinta anos, não houve uma única reclamação por parte dos atores Audio-Animatronics!)

Mais de três décadas depois, o sucesso desse complexo sistema ainda é de tirar o fôlego, especialmente quando você lê comentários como o de Steve Alcorn, um dos engenheiros:

> Para dar uma ideia de quão fluidas as coisas eram, quando começamos a projetar o sistema de controle para a The American Adventure, pensávamos que os elevadores ficariam sobre uma plataforma giratória, e não um carro. E a construção do edifício já estava em andamento.

A maior parte da nossa equipe criativa original da The American Adventure não está mais conosco: o roteirista e produtor Randy Bright, um dos líderes de desenvolvimento do espetáculo do Epcot; Walter Tyler, o nosso diretor de arte e designer de *sets*, que ganhou um Oscar de melhor direção de arte pelo épico *Sansão e Dalila*, de 1949, e recebeu outras nove indicações nas décadas de 1950 e 1960; e Bob Moline, coautor da bela canção "Golden Dreams", junto com Bright. Felizmente, Rothschild ainda é diretor (por exemplo, da Star Tours, Captain Eo, Soarin' etc.), além de ter sido presidente da associação internacional Themed Entertainment Association (TEA).

Não é de admirar, portanto, que quando penso no mandamento "Não deixe a peteca da manutenção cair!", meus pensamentos se voltem para essa atração tão especial do Epcot. Quando visito o Epcot, é sempre o primeiro lugar a que vou, em busca de arrepios e emoções – e por pura admiração por essa incrível experiência da Disney.

E o Pateta vai para...

"A Manutenção Perdida da Disneylândia" do começo da década de 2000

Em setembro de 1967, Richard Irvine, chefe de design da Imagineering, me pediu para compilar um livreto de informações sobre Walt Disney. Fazia menos de um ano desde o falecimento de Walt e o objetivo de Dick foi esclarecido na minha nota explicativa do que acabou sendo um livro de 127 páginas: "A intenção aqui é fornecer, como um alicerce, as ideias e a filosofia de Walt como foram aplicadas na Disneylândia e, além disso, as ideias de Walt sobre o Walt Disney World, já que elas se aplicam ao que estamos começando agora".

Nesse volume, *Background and Philosophy* [Histórico e filosofia, em tradução livre], sob o título "Citações de Walt sobre a Disneylândia", incluí 27 citações sobre a Disneylândia, inclusive as duas seguintes:

- Sobre fazer as coisas do jeito certo: "Todos pensam que esse parque [a Disneylândia] é uma mina de ouro, mas nós temos os nossos problemas. Você tem que saber agir nele, saber manejá-lo. Até tentar manter o parque sempre limpo representa uma enorme despesa. E aqueles caras com as contas sempre na ponta do lápis dizem: 'Walt, se cortarmos gastos de manutenção, economizaremos muito dinheiro'. Mas eu penso assim. É como qualquer outro espetáculo em cartaz; deve ser limpo e revigorado".
- Sobre manter o espetáculo em cartaz: "Para manter em funcionamento uma operação como a Disneylândia, é preciso investir continuamente nela. É o que eu chamo de 'manter o espetáculo em cartaz'. É preciso sempre aplicar recursos; você não pode sentar no banco do passageiro e esperar que as coisas caminhem sozinhas. Não estou falando apenas de novas atrações, mas de uma manutenção cuidadosa... sabe, sem permitir que

a equipe jamais fique desleixada... ou antipática. Essa é a nossa política desde sempre. Meu irmão e eu definimos isso, e foi isso o que construiu a nossa organização".

Eu fiquei pensando nos primeiros dias da Disneylândia, quando foi estabelecida a maior parte dos padrões relacionados com "Não deixe a peteca da manutenção cair!", e várias imagens imediatamente pipocaram na minha memória. A primeira delas foi uma placa, de cerca de 10 × 20 centímetros, que apareceu sobre a mesa de Bill Cottrell, então presidente da WED Enterprises. As palavras, sobre uma liquidação em uma das lojas arrendadas para operadores externos, eram escritas à mão com um pincel marcador. Cottrell imediatamente procurou Walt e levantou duas questões: nós não fazemos "liquidações" na Disneylândia e não colocamos avisos escritos à mão com caneta, como se alguém tivesse acabado de descobrir algo a ser comunicado aos convidados. Planejar bem – e ser um bom anfitrião – exige que se pense esse tipo de coisa *com antecedência* e com tempo suficiente para *imprimir* uma placa bem projetada para comunicar a mensagem aos convidados.

Aquele aviso com caneta hidrográfica levou a questão a um ponto crítico. Na qualidade de designers e porta-bandeiras do bom gosto e do bom design, os líderes da WED emitiram um édito, com o apoio ativo de Walt: "Avisos com pincel marcador, nunca mais. E nada de liquidações na Disneylândia". Isso foi há sessenta anos, e ninguém da divisão Disney Parks and Resorts questiona a importância dessa regra.

A segunda imagem que me veio à mente foi a de um dos primeiros membros do elenco da Disneylândia, um gari chamado Trinidad Ruiz. No começo do século XX, os varredores de rua nos Estados Unidos eram chamados de *whitewing* (asa branca), todos homens e, em geral, vestidos com um uniforme branco, cujo trabalho era seguir os cavalos pelas ruas principais das cidades e limpar o chão depois que os animais passavam.

Com a sua perícia em empunhar a vassoura e a pá na Main Street da Disneylândia, Trinidad fazia as pessoas voltarem àquela época. Um dia, quando exibia as suas habilidades antes do começo de um desfile, Trinidad percebeu que os olhos dos convidados, que esperavam na calçada pelo começo do desfile, estavam pregados nele. A partir daquele momento, Trinidad percebeu que era um artista – e que estava no palco. Ninguém antes ou depois desempenhou aquele papel com tanto estilo e disposição. Realmente, Trinidad Ruiz era uma estrela em cena – na Main Street da Disneylândia, EUA.

Este é o ponto: mesmo o trabalho mais trivial deve ser exercido com habilidade e entusiasmo para manter os padrões Disney de limpeza, simpatia e segurança. E, se você tem um papel no espetáculo da Disneylândia, interprete-o da melhor maneira possível – com estilo e disposição! Você não pode deixar a peteca cair por nenhum dia sequer – porque esse dia pode ser o único dia em que uma família de Peoria ou de Pomona ou de Paris visita um parque da Disney.

Há pouco menos de dez anos, no começo deste século, esses padrões não estavam sendo mantidos na Disneylândia. No meu livro *Dream It! Do It!*, relatei em maior detalhe como a gerência daquela época permitiu que o parque se deteriorasse, com tinta descascando, madeira apodrecendo e, triste dizer, várias falhas até mesmo em questões de segurança – isso tudo às vésperas do quinquagésimo aniversário do parque, em 2005.

Em seu excelente livro *Disney U*, sobre os padrões Disney de serviços, Doug Lipp, ex-chefe do programa de treinamento chamado The Disney University, que acontecia na sede da empresa, em Burbank, incluiu a seguinte citação de Walt Disney: "Nós temos que estar sempre dando um quê a mais ao nosso espetáculo. Se algum dia nós os perdermos [os convidados], levará dez anos para trazê-los de volta".

Walt estava certo e, felizmente, chegaram à Disneylândia novos líderes que se comprometeram em colocar as coisas nos eixos no Disneyland Resort. Eles perceberam o que o quinquagésimo aniversário significaria para o futuro – não apenas para os dez anos previstos por Walt, mas para o próximo meio século. Nós todos sabíamos que a experiência dos convidados durante as comemorações do quinquagésimo aniversário – incluindo a aparência e a apresentação do próprio parque, além, sem dúvida, do cuidado com toda e qualquer questão de segurança – daria o tom para os anos seguintes. Uma ótima experiência para nossos convidados durante o "The Happiest Homecoming on Earth" [O regresso mais feliz do mundo ao lar, em tradução livre, uma comemoração do quinquagésimo aniversário da Disneylândia que durou dezoito meses] influenciaria a atitude deles por todo o futuro próximo.

A nova direção do Disneyland Resort se mostrou à altura do desafio. Os doze meses anteriores à celebração de 17 de julho de 2005 estão entre os mais importantes da história do parque – para o público e para os bastidores. Quando a comemoração começou, a Disneylândia tinha a feição mais feliz que havia apresentado em anos, depois de um ano de reparos para elevá-la aos mais altos padrões – e, portanto, ao mais alto nível de *respeito* – que ela tinha conquistado e desfrutado.

Quando olhamos para os primeiros anos do século XXI, sem dúvida podemos enxergar aquele período como uma aberração na história da Disneylândia – totalmente fora dos padrões adotados antes e que prevaleceram desde então. Mas, quando se trata dos padrões do "Não deixe a peteca da manutenção cair!", aqueles anos servem como uma advertência poderosa e por isso merecem receber o prêmio Pateta.

Posfácio

Já dá para ouvir os gritos de protesto. Como pude não incluir a Mystic Manor de Hong Kong, com aquela assustadora trilha musical de autoria de Danny Elfman? E a Indiana Jones Adventure, na Disneylândia – sua fila é grande, mas o passeio naquele simulador de veículo *off-road* é incrível! E a Ratatouille da Disneylândia de Paris? Ver a Cidade Luz a partir de um lugar escuro, pelo "olhar do rato", enquanto o filme da Pixar se torna uma experiência de três dimensões é uma experiência única! E como eu poderia me esquecer da Disney Cruise Line? Se tem algo digno do Mousecar, os cruzeiros *Dream* e *Fantasy* são... bem, são os próprios sonho e fantasia que se tornaram realidade.

E todos seriam justificados. Eu tenho uma longa lista de indicações dos projetos de design criativo, engenharia e construção realizados nos últimos sessenta anos pelos Imagineers ao redor do mundo.

Aliás, como pude não indicar minha atração favorita do Epcot, o passeio de barco Living with the Land pelos laboratórios vivos do pavilhão The Land? Enquanto o seu barco desliza, você vê pés de alface e tomateiros e uma variedade de verduras e legumes exóticos originários de várias partes do mundo crescendo graças à agricultura em ambiente controlado – e então aqueles mesmos produtos são colhidos e servidos no restaurante Garden Grill, no The Land. É a única atração do tipo em qualquer parque de diversão, em qualquer lugar do mundo. O Epcot de Walt? Sem dúvida nenhuma!

Ao fazer a seleção das atrações para este livro, eu me lembrei da época em que Walt Disney criticou um desenho de conceito de Herb Ryman para uma nova atração. "Bem, se você não gostou dele", respondeu o grande artista, "me diga o que quer que eu faça". E a resposta de Walt foi: "Apenas faça algo de que as pessoas gostarão!".

E eu gosto de todos os que selecionei.

O caminho para a Imagineering

“Então você quer ser um Imagineer?”, escreve Alfredo Ayala, Imagineer há mais de vinte anos, que uma vez me contou ter sido inspirado por um livro sobre energia atômica que pegou na biblioteca de sua escola quando cursava o quinto ano. Atual responsável pela chefia das equipes de projeto de Pesquisa & Desenvolvimento que se concentram em conceitos técnicos inovadores, Alfredo faz uma pergunta relevante e já dá a resposta: “O que é um Imagineer, para começo de conversa? Para mim, é uma carreira em que a arte e a ciência coexistem e a história impulsiona a criatividade. Em um mundo em que os pais incentivam carreiras como engenharia, direito e medicina, a arte e outras carreiras criativas são desencorajadas por serem consideradas arriscadas demais. Portanto, se você gosta de ir contra o pensamento tradicional", continua Alfredo, "e está sempre perguntando 'e se' [...], então você tem em si o espírito da Imagineering!".

Li muitos artigos sobre as práticas de entrevista e contratação de empresas de sucesso: como ler e decifrar um currículo; como determinar que aquele portfólio de arte digital realmente pertence ao candidato. Mas, para mim, se você é um candidato à porta da Imagineering, o que importa não é ter estudado em Harvard, no MIT ou no Instituto de Artes da Califórnia. O importante não são suas notas na faculdade ou a sua classificação na turma. Não interessa onde você nasceu ou o que os seus pais fazem. O que importa é você: o que tem dentro da sua cabeça e do seu coração.

Se eu recebesse um "sim, faço" ou "sim, farei" como resposta – e conseguisse enxergar dentro da sua cabeça e do seu coração e visse que essas palavras carregam interesse e comportamento positivos –, você seria o meu próximo Imagineer.

Agora que já o conduzi pela minha filosofia essencial sobre os Dez Mandamentos da Disney, chegou a hora de nos lançarmos no Caminho para a Imagineering. Mas eu queria que esse caminho fosse sobre *nós* – os Imagineers –, e não apenas sobre mim. Lembre-se daquela fala do professor Bennis: "Sozinho, nenhum de nós é tão inteligente quanto todos nós juntos".

Eu precisava da participação do maior número possível de Imagineers para fazer com que o caminho fosse sobre todos nós. Assim, enviei o seguinte e-mail para cerca de cem Imagineers, que representam um expressivo recorte dos Imagineers atuais e anteriores – velhos e jovens, os de pensamento técnico e aqueles com talento artístico, formados em universidades e autodidatas independentes, homens e mulheres, nascidos em Glendale, a menos de dois quilômetros da sede da Imagineering, e nascidos do outro lado do oceano, em terras longínquas.

De: Marty Sklar
Para: Imagineers
Assunto: Pesquisa preliminar para Livro 2, verão de 2014

Motivo: fui infectado pelo vírus da escrita de novo! Estou apenas começando!

Por quê? Eu realmente adorei conversar com os fãs da Disney nas minhas apresentações e sessões de autógrafo por todo o país e o grande interesse que o livro despertou: setecentos em Chicago; trezentos no condado de Ocean, Nova Jersey; quinhentos livros vendidos em um dia em Old Sacramento; eventos na Disneylândia, Walt Disney World, The Walt Disney Family Museum, no Skirball Museum etc. Parece existir um apetite insaciável por "mais histórias" – e tantos jovens por aí que "querem ser como você!".

O quê: não estou em busca de histórias – sempre posso inventá-las! O que eu quero é a contribuição de vocês... e informação sobre vocês!

A Grande Ideia: Meu objetivo é combinar uma versão expandida dos Dez Mandamentos da Disney com a bagagem dos Imagineers e seus pensamentos: como vocês chegaram àqueles Sacrossantos Salões, conselhos sobre a trajetória de carreira e sugestões de aprendizado para esses jovens aspirantes entusiasmados etc.

O "pedido de Marty": eu gostaria que vocês escrevessem um parágrafo, vários parágrafos ou uma página toda – não mais que isso – sobre o que sabem hoje que vai ajudar os jovens que pensam em seguir carreira no campo de vocês. Acho que é uma oportunidade de ajudar os jovens – talvez de influenciar o futuro deles. Não prometo usar tudo ou todas as ideias que você escrever, mas prometo que o que eu usar não vai soar como se o autor houvesse escrito em chinês ou japonês! (E favor incluir como quer que eu me refira a você: por profissão, descrição de funções, título etc.)

Meu plano: eu não tenho compromisso algum com o manuscrito. Minha intenção é entregá-lo para a Disney Editions no outono.

Prazo: portanto, preciso do seu material até o dia 1º de setembro.

Sobre o "Livro 1": *Dream It! Do It!* está indo muito bem, obrigado! Está na segunda edição nos EUA, prestes a ser publicado no Japão e com uma edição chinesa.

Obrigado pela consideração: vocês proporcionam muita diversão e entretenimento para os nossos fãs do mundo todo. Penso neste projeto como uma "retribuição". Há muitas pessoas por aí à espera de algo assim!

* * *

Fiquei maravilhado com a reação: 75 e-mails chegaram até o fim do prazo, de lugares próximos e longínquos, como Xangai e Paris. Essas respostas constituem a base do restante deste livro.

Agora quero que você leia as palavras e os pensamentos de alguns daqueles Imagineers. Afinal de contas, são as histórias *deles* sobre como se tornaram quem são hoje que lhe darão algum embasamento e lhe fornecerão alguma ideia, direção ou sugestão para pensar – e, quem sabe, fazer dela o seu próximo passo.

O meu papel? Penso em mim mesmo como um mestre de cerimônia em um circo de grandes artistas. Depois de meio século na Disney, sei como trazer à tona as melhores performances, garantindo que o que estamos desenvolvendo (especialmente no caso dos principais projetos) permaneça no caminho certo em termos de história e design. E, o que é o mais importante, tive acesso a todos os atores – todos os talentos que representam 140 diferentes disciplinas, o mesmo elenco de disciplinas que reunimos toda vez que criamos alguma coisa nova para um parque ou resort Disney ao redor do mundo.

Mantendo-me fiel ao nosso tema dos Dez Mandamentos, dividi as respostas em dez categorias; são os temas cruciais, aqueles que os Imagineers creem ser extremamente importantes para seus futuros colegas de equipe. É claro que há outros mais, mas esses dez saltaram das páginas que recebi como recomendações ou padrões para serem lidos, compreendidos e colocados em prática pelos aspirantes. Cada seção inclui uma pequena introdução daquele que vos fala e as exatas palavras dos Imagineers, atuais e anteriores.

HISTÓRIA
PAIXÃO
MENTOR
COLABORAÇÃO
EXPERIÊNCIA EM UM PARQUE DISNEY
EDUCAÇÃO – NUNCA PARE DE APRENDER
SEJA CURIOSO
ARRISQUE-SE/PENSE DIFERENTE
TORNE-SE O MELHOR
IMAGINATIONS

Muitos dos nossos valores e princípios foram inspirados pela atitude de Walt Disney em relação ao público. "Tenha uma boa ideia", dizia Walt, "e se atenha a ela. Siga-a com perseverança e trabalhe nela até que esteja feita, e bem-feita!". Os valores de Walt inspiraram a todos nós. Alguns deles eram muito simples, como criar um ambiente no qual as pessoas se tratavam pelo primeiro nome ("o único 'senhor' aqui é o Sr. Sapo!"). Outros eram o mestre da arte de contar histórias explicando sua postura em relação ao trabalho: "Você não trabalha por dinheiro – você trabalha para criar e se divertir". Esses valores básicos guiaram os nossos esforços criativos na Walt Disney Imagineering.

Também tivemos a sorte de trabalhar de perto com muitas pessoas da indústria, de governos e, claro, das artes de todo o mundo. As visitas que o próprio Walt Disney fez aos laboratórios das grandes corporações americanas – GE, IBM, DuPont, Sarnoff Labs da RCA, Westinghouse e Bell Labs – inspiraram a sua forma de pensar e desenvolver o conceito do Epcot como uma comunidade viva: iniciais de Experimental Prototype Community of Tomorrow [Protótipo Experimental da Comunidade do Amanhã]. Ele ficava muito à vontade com as pessoas com quem se reunia porque via a mesma centelha criativa, as mesmas paixões e o mesmo trabalho colaborativo que tinha incutido na Disney. Walt tinha a visão de que o trabalho deles podia, como ele disse no filme sobre o Epcot que eu escrevi, "influenciar o futuro da vida urbana para as próximas gerações".

Ao longo da minha carreira na Disney, tive a sorte de conhecer e, depois, de aprender com diversos ícones internacionais que influenciaram o meu pensamento em relação à arte de contar histórias e à nossa ética de trabalho. Um deles foi Ray Bradbury, o grande escritor de ficção científica, poeta e "sonhador de ideias futuras". Todos conhecemos seus livros *Crônicas marcianas* e *Fahrenheit 451*, entre outros. Eu me lembro de visitar Ray em sua casa, em West Los Angeles, e assistir a sua filosofia pessoal em ação: assim que se levantava, ele se sentava, todas as manhãs, à máquina de escrever e escrevia *alguma coisa* – não importava se um sucesso ou um fiasco; a *disciplina* e o *amor* pelo esforço criativo eram o que interessava a Ray.

Nós conhecemos Don Hewitt, criador e produtor executivo do programa jornalístico de TV *60 Minutes*, da rede CBS, na época em que estávamos desenvolvendo o parque Epcot para o Walt Disney World. Don foi uma das pessoas que moldaram a nossa concepção do mundo das notícias nos Estados Unidos na segunda metade do século XX. Quando se aposentou, ele foi entrevistado no próprio programa e lhe perguntaram qual era o seu conselho para todos os grandes jornalistas que dirigia, incluindo Walter Cronkite, Dan Rather, Mike Wallace, Harry Reasoner e Diane Sawyer. "A minha inspiração foi a Bíblia", disse Hewitt. "Eu penso na Bíblia. Ela está repleta de histórias que resistiram aos séculos. Portanto, eu dizia aos nossos repórteres quatro palavrinhas: 'Conte-me uma história!'."

Essas quatro palavrinhas podem ser pregadas no meu quadro de avisos em qualquer dia do ano.

Se lhe parece que Shaike Weinberg, diretor e fundador do Museu Memorial do Holocausto dos Estados Unidos, na cidade de Washington, e Don Hewitt estavam seguindo a partitura da Imagineering, você acertou. Eu me encontrei pela primeira vez com Shaike Weinberg em Tel Aviv, Israel, em 1980, quando a Imagineering estava criando o projeto de um pavilhão do Estado de Israel para o Epcot. Ainda posso ver as belíssimas maquetes de sinagogas judaicas que ele encomendou para serem exibidas no Museu Nahum Goldmann da Diáspora Judaica. Shaike Weinberg era um homem que tinha uma história com o teatro; via um museu como um lugar para contar uma história, e não apenas para mostrar artefatos autênticos. Ele fez os arquitetos redesenharem o Museu Memorial do Holocausto de forma que este contivesse um vagão de trem autêntico para mostrar como os judeus e outras minorias eram transportados para os campos de concentração nazistas. Depois de visitar o Museu Memorial do Holocausto, é impossível esquecer a sala com 4 mil sapatos – tudo o que restou de uma comunidade judaica na Polônia.

Ninguém trabalha isolado do resto do mundo, especialmente no mundo atual, de comunicações e acesso à informação imediatos. Aprendi muito bebendo direto da fonte dos mestres, por assim dizer, e agora fico feliz em transmitir esses valores e abordagens por meio dos princípios apresentados nas páginas seguintes, começando, naturalmente, com a história.

História

Quando criamos um parque Disney, nós nos perguntamos: a história pode ser repetida? Se ela vai viajar pelo mundo, funciona visualmente? Levamos em conta que a brincadeira talvez não possa ser traduzida para outras culturas? Acima de tudo, prestamos atenção nos detalhes: em um parque Disney, a questão central não é apenas contar uma história, mas fazer com que *tudo conte uma história*.

Eu quis começar com a seguinte nota de Joe Herrington porque ele faz o meu trabalho por mim com as suas próprias palavras: se apresenta, explica como teve sucesso nesse caminho e como o seu mundo mudou com o passar dos anos:

> Comecei como designer de som quando construímos o Epcot e tive a oportunidade de trabalhar em cada um dos principais eventos desde então. Sou atualmente o principal designer de som, e até o fim deste ano terei completado 34 fascinantes anos na Imagineering. São três décadas vivendo incríveis avanços tecnológicos. Nesse tempo, vi a tecnologia superar uma geração. Algumas pessoas souberam usá-la bem, outras permitiram que a tecnologia as usasse. Para alguns, é difícil lembrar que a tecnologia é apenas uma das nossas muitas ferramentas. Como Imagineers, somos os mestres contadores de histórias e devemos tomar

as rédeas da tecnologia, da mesma forma que um cavaleiro habilidoso controla as rédeas de um cavalo genioso.

Assim que nasci, em Houston, no Texas, fui morar nas pradarias do estado. Quando menino, eu adorava tudo relacionado a tecnologia, mas vinha de um ambiente de velhos contadores de histórias do velho oeste. Portanto, a alma do meu trabalho aqui caiu como uma luva. Estudei no Odessa College e na Universidade Estadual de San Diego, onde pensei estar predestinado a ser professor de astronomia ou, ao menos, de alguma ciência física. Mas o meu amor pela tecnologia me levou para o rádio e a televisão e, depois, para o cinema e a sonoplastia. Eu me estabeleci nesse campo altamente técnico de produção de som, mas me considero, em primeiro lugar e principalmente, um contador de histórias.

Escolher um projeto favorito no correr dos anos é uma tarefa difícil, mas alguns vêm à tona porque a história a ser contada exigiu inovações tecnológicas. Sem dúvida, a Radiator Springs Racers, da Disney California Adventure, foi um desses casos. Kevin Rafferty e eu nos tornamos unha e carne nesse projeto para garantir que houvesse história, história, história. Havia muita tecnologia novinha em folha na nossa bagagem, mas nunca permitimos que isso atrapalhasse a simplicidade da história a ser contada. Consequentemente, nossos convidados nem reparam na incrível tecnologia futurística; apenas aproveitam a beleza da história.

A história de Indiana Jones na Disneylândia exigiu um veículo que parecesse e que soasse como um veículo *off-road* de verdade. Cada movimento, solavanco e virada tinha que ser convincente e em sincronia perfeita com os sons. Como isso não existia, tivemos que inventar alguma coisa que resolvesse a questão. Com essa nova tecnologia, veio toda uma nova forma de compor a música, criar a trilha sonora e apresentar o áudio. Com cada nova atração, nós acrescentamos novas ferramentas à nossa caixa de ferramentas de contar histórias, mas os convidados nem notam essas belas ferramentas tecnológicas. Eles simplesmente vivem as nossas histórias, e nós adoramos isso.

Eu iniciei você nos segredos dos Imagineers com as palavras de Joe Herrington porque quero que note quatro pontos importantes que lerá repetidas vezes ao avançar por esse caminho – e por essas páginas:

1. "Eu me considero, em primeiro lugar e principalmente, um contador de histórias."
2. Receba as mudanças de braços abertos. Aprenda a não apenas aceitar, mas também a fazer com que as incríveis conquistas tecnológicas trabalhem a seu favor.
3. Sobre o veículo de Indiana Jones: o desafio foi solucionado com a invenção de "alguma coisa que resolvesse a questão".
4. Perceba que o papel da tecnologia é *servir* à história. Como enfatizou Joe: nós fazemos "inovações tecnológicas [...] para garantir que houvesse história, história, história".

A última palavra sobre isso é de Doris Hardoon Woodward, diretora sênior/produtora executiva do projeto Shanghai Disney Resort: "Passe o segredo para a frente", escreveu Doris para mim: "TUDO COMEÇA COM A HISTÓRIA!".

Paixão

Não é apenas uma questão de encontrar algo que você "gosta" de fazer. Explore, tente coisas novas até encontrar algo que você *ame* fazer. Daí você terá encontrado a sua *paixão*.

Ninguém pode lhe dizer o que fazer com a sua vida. Mas se você vai se dedicar a algo cinquenta horas por semana durante trinta ou quarenta anos da sua vida, precisa realizar um trabalho que alimente a sua paixão... *é melhor você amar o que faz.*

John Dennis, supervisor de música

Então, o que você quer ser quando crescer? Escolher a sua área de interesse afetará as matérias que você estudará na escola, em quais atividades extracurriculares você se envolverá, seus passatempos... E tudo isso deve ser por algo de que você goste e pelo qual tenha paixão. Se você não for apaixonado pelo trabalho específico que faz, você está no campo errado. A paixão não é um pré-requisito para um emprego, mas muitas vezes é o que separa os notáveis dos outros.

David Durham, diretor do Creative Designers Studio, diretor do Inspirational Blue Sky Program

Faça por amor, e não por dinheiro, ou você se sempre sentirá frustrado.

Stan Dodd, produtor executivo/diretor criativo da Adventure Isle, Disneylândia de Xangai

Jovens sempre me pedem conselhos sobre carreira. A primeira coisa que eu lhes digo é que devem explorar aquilo pelo que são apaixonados e desenvolver essa habilidade.

Kathy Mangum, executiva de criação de portfólio do Walt Disney World Projects

O que mais escuto nos maravilhosos eventos de fãs da Disney é: "Meu filho quer ser um Imagineer". Eu então pergunto aos pais se seu menino ou menina demonstrou uma verdadeira paixão por alguma coisa criativa por volta dos 5 anos de idade. Também pergunto se eles buscaram oportunidades de educação que sejam condizentes com essa paixão, e até que ponto foram persistentes em relação a isso. Normalmente, recebo a resposta visualmente, tanto do pai ou mãe quanto da criança. Seus olhos se iluminam – um olhar de quem sabe do que eu estou falando. A ausência desse olhar rapidamente revela que ser um Imagineer é apenas um sonho, não uma persistente paixão de trabalho criativo.

Bob Gurr, Disney Legend, designer Imagineer aposentado

A primeira coisa é descobrir qual é a sua paixão e correr atrás dela. O que você adora fazer e como isso se encaixa no mundo da Imagineering? Para mim, era a música, além dos aspectos criativos e técnicos do som. Na escola, aprenda tudo o que puder não apenas sobre o seu interesse principal, mas também sobre conteúdos relacionados (fotografia, mágica, cinematografia, aparelhos mecânicos...).

Glenn Barker, designer de mídia-chefe

Ame o que você faz. Para mim, isso é mais importante do que "faça o que você ama"... Seja qual for o emprego que você conseguir, não importa quão pequeno ou simples ele seja, seja apaixonado por fazê-lo bem.

Daniel Jue, executivo de criação de portfólio do Tokyo Disney Resort

A paixão é o elemento-chave do meu trabalho, então é vital encontrar algo pelo que se apaixonar. Eu tento fazer coisas que nunca fiz antes, mas sem deixar de aproveitar coisas aprendidas em tarefas anteriores.

Eddie Sotto, ex-Imagineer, presidente do SottoStudios

Meus colegas e eu estamos nessa pelo amor de criar lugares pelos quais as pessoas se apaixonam, sabendo, de alguma forma, que criando esses lugares – lugares que respeitam e inspiram as pessoas, que influenciam positivamente o comportamento delas e reafirmam as melhores qualidades da vida – nós podemos influenciar o mundo ao nosso redor. Ótimos espaços se tornam ótimos modelos para outras pessoas seguirem.

Tom Morris, diretor criativo executivo

Ou você é apaixonado por alguma coisa, ou não é. Ainda não escutei ninguém dizer que é meio apaixonado! A parte incrível de ser naturalmente apaixonado pelo que faz é que coisas realmente boas tendem a acontecer por causa disso!

Steve "Mouse" Silverstein, ex-Imagineer, especialista principal de sistemas de animação no Walt Disney World

Primeiro, identifique no que você é bom e qual é a sua paixão. É aquilo que arde dentro de você que o fará acordar antes de o despertador tocar, sonhar acordado e ser imaginativo... Essa paixão e a sua busca sustentarão você nos ambientes de projeto dinâmicos e acelerados, em que a tensão positiva entre as disciplinas atinge o auge.

Theron Skees, diretor executivo de criação

O que eu procuro? Paixão. Lemos muitos currículos, e a maioria deles é impressionante. Então, como escolhemos um designer talentoso e não outro? Eu procuro a paixão. Quando estou entrevistando alguém, quero ver essa pessoa empolgada com o seu trabalho.

Michael Valentino, designer principal de iluminação de espetáculos

Há tantas formas de passar pela porta quanto a sua imaginação possa comportar, mas todas elas exigem paixão e persistência. Deixe uma impressão marcante com o seu portfólio e entusiasmo.

Laurence D. Gertz, ex-Imagineer, diretor de criação e produtor

Mentor

Encontre alguém cujas ideias, experiência e conselhos você acha que podem guiar e ensinar você – não alguém que você queira "copiar", mas alguém com quem você possa aprender, alguém em quem você *confie*, como um talento, líder ou amigo. Ter mais de um mentor é perfeitamente aceitável – e não tenha medo de fazer perguntas.

Não deixe sua mãe decidir o seu futuro. Nem sempre as mães sabem o que é melhor. Ajude os outros – eu tive tantos mentores, professores, anjos. Sei a quem devo o que sou hoje, e a minha forma de homenagear essas pessoas é ajudando os outros, como elas me ajudaram.

Shelby Jiggets-Tivony, executiva de desenvolvimento de criação do Creative Design Studio

Fui criado na cidade de Limerick, Irlanda, durante a década de 1960, e meu pai costumava nos levar para uma caminhada depois do jantar (que era por volta da uma da tarde) aos domingos. Quando voltávamos para casa, em geral estava frio de doer (especialmente durante o inverno) e meu pai acendia a lareira. Era um momento maravilhoso para nós, em que nos preparávamos para assistir a *The Wonderful World of Disney*. Às cinco e meia, na nossa televisão em preto e branco aparecia aquele homem incrível, nos convidando a entrar no Mundo da Disney. Com um ponteiro na mão, ele nos mostrava o que estava prestes a se desenrolar diante de nós, e isso nos inspirava a sonhar, a sonhar com um outro lugar, nos levava para um outro Mundo a ser imaginado. Era o momento mais incrível da vida de uma criança. Meus pais tinham nove filhos; nós não tínhamos muito, mas esbanjávamos imaginação. Eram momentos preciosos e que jamais serão esquecidos.

Fintan Burke, diretor técnico e chefe de animação

Cresci em uma casa na qual éramos incentivados a nos envolver com música e artes visuais. Aprendi a tocar piano e bateria e me envolvi ativamente com os programas de música oferecidos nas renomadas escolas públicas de Arcadia, na Califórnia. Minha mãe adorava pintar e estudou natureza-morta e retratos. Meu pai era um fotógrafo amador dedicado. Passei muitas noites de sábado ajudando-o a revelar e imprimir fotos em preto e branco ou coloridas. Atualmente, os meus pertences favoritos são os retratos da minha família de autoria da minha mãe e do meu pai. Hoje, uma das minhas irmãs é uma fagotista da Filarmônica de Los Angeles. Embora eu não seja um perito em nada disso, essas experiências foram valiosas por terem me ajudado a compreender os esforços artísticos e profissionais dos Imagineers.

Marty Kindel, engenheiro principal de áudio e vídeo

Era muito comum que veteranos experientes da Disney orientassem os recém-contratados que tivessem mais afinidade com as suas especialidades. O Disney Legend Fred Joerger foi meu mentor durante dois anos na Oficina de Maquetes, onde aprendi o ritmo e o espírito da Imagineering e como aplicá-los nas minhas tarefas. Então, em 1976, ele se ofereceu para realizar testes de campo comigo em uma tarefa com um parque aquático no Walt Disney World para avaliar se eu me encaixaria no ambiente e nas condições de campo, radicalmente diferentes do reino do *campus* de Glendale. No decorrer da minha longa carreira com a Imagineering, fiz o máximo possível para levar em frente a tradição de orientador, trabalhando de perto com os jovens Imagineers que trabalhavam na minha área, design de produção e direção de arte de retoques de personagens.

John Olsen, Imagineer aposentado

Eu me interesso por ciência desde sempre. Uma das minhas lembranças mais remotas é do meu pai (que não tinha nenhum estudo na área científica, mas que sempre estava mexendo com coisas elétricas e mecânicas) trazendo para casa um interruptor, uma bateria, uma lâmpada. Ele conectava tudo com um fio e fazia um abajur. Uau, eu vi a luz! Acho que desde então quis fazer coisas técnicas ou científicas.

Lanny Smoot, membro de pesquisa da Disney

Ao longo de todos os anos que passei na Imagineering, sempre fiquei impressionado não apenas com as grandes coisas com que os Imagineers conseguem trabalhar, mas com a paixão que eles têm para ajudar e ensinar outras pessoas, como eu. Nesse percurso, incríveis Imagineers me ensinaram muitas coisas. Mas, acima de tudo, eles me fizeram aprender uma coisa: sempre retribua. Estender a mão e ajudar as pessoas pode lhe trazer mais satisfação do que qualquer outra coisa que você possa fazer.

Diego Parras, gerente de comunicações externas
da Walt Disney Imagineering da Flórida

Randy Bright, vice-presidente do Creative e escritor profissional, reconheceu alguma coisa em mim. Ele começou a elogiar os meus escritos, e toda vez que me perguntava em uma reunião o que eu achava sobre alguma coisa, as comportas se abriam. Randy me deu a minha primeira chance. Ouvi e aprendi com os mestres, dei total atenção aos meus colegas de todas as outras áreas, tanto que aprendi a pensar como eles, e vim a entender e valorizar o que funciona, o que não funciona e por quais motivos no maravilhoso mundo da Imagineering. Então, acho que finalmente cheguei ao ponto de poder reunir todo esse conhecimento e experiência e assumir o desafio e a profunda responsabilidade de ser um diretor de criação. Ainda ontem, uma jovem Imagineer que está aqui há nove meses me disse que está pronta para ser diretora de criação e pediu o meu conselho sobre como fazer isso acontecer. Eu lhe respondi com uma pergunta: "bem, você sabe tirar o pó das maquetes direito?".

Kevin Rafferty, diretor executivo de criação,
design criativo e desenvolvimento

Ninguém passa por este mundo sozinho. Fora do trabalho, temos famílias e amigos que nos apoiam e ajudam pela vida afora. O mesmo vale para o ambiente de trabalho, e isso é especialmente verdade nas organizações criativas. Ao compartilhar suas paixões, procure pessoas que tenham afinidade com você. Talvez encontre um bom candidato para se tornar um mentor. Assim como a analogia da família e amigos que usei antes, pessoas bem-sucedidas têm mais de um mentor. Mantenha a mente aberta quando conhecer novas pessoas no ou por causa do seu trabalho. Você não tem ideia das experiências pelas quais aquela pessoa passou para chegar onde está na organização. Quem sabe ela pode ter aquela peça do quebra-cabeça que estava faltando para você avançar pelos próximos passos da sua carreira. Não se intimide. Não há mal nenhum em perguntar a alguém se aceita ser seu mentor ou conselheiro. Se você abordar a questão corretamente, a maioria das pessoas se sentirá lisonjeada com o convite.

John Dennis, supervisor de música

Como meu mentor, o vice-presidente da Disney Theatrical, John De-Santis, me ensinou: não presuma nada, questione tudo.

Gordon Lemke, gerente de design e produção de espetáculo
da Disneylândia de Xangai

Eu tive a melhor visão geral da Imagineering quando era coordenador. Tive a sorte de trabalhar com muitas das pessoas que iniciaram essa indústria (ou seja: Disney Legends), e, como convivi com elas em vários projetos na Disneylândia e em restaurações, pude bater papo e aprender muito sobre o histórico da empresa em detalhes, além de escutar suas diversas experiências.

Steve Miller, diretor aposentado e gerente de projeto

Independentemente do que a mamãe lhe disse, você não é o único iluminado da sala.

Debbie DelMar, executiva de tecnologia aposentada da Disney e ex-Imagineer

O rastro da minha paixão pelas artes leva até os meus pais. Eles não sabiam desenhar, mas ambos faziam de seu talento uma arte. Meu pai era um exímio contador de histórias, e minha mãe se envolvia com qualquer tipo de arte, dança ou música que pudesse. Talvez o maior incentivo que tenha recebido deles seja encontrar o que me fazia feliz e transformá-lo em um meio de vida. Depois de uma criteriosa ponderação, percebi que o meu sonho mais dourado era encontrar uma carreira em um campo no qual a criatividade fosse muito valorizada. Quando chegou o momento de decidir o que queria ser quando crescesse, eu sabia que a minha escolha tinha que se basear na minha paixão pela arte.

Owen Yoshino, diretor de criação, principal designer de conceito e projetos para a Disneylândia de Tóquio

Na Imagineering, os meus projetos favoritos foram trabalhar no World Showcase e no Epcot Center, no começo do processo. Harper Goff confiou a mim (um "mim" muito jovem) parte do design do World Showcase. Harper me colocou debaixo da asa e permitiu que eu projetasse a maior parte dos pavilhões da maquete do World Showcase que ele estava montando na Oficina de Maquetes da WED, o que me permitiu aprender muito (sobre pesquisa, apresentação do design, comentários e soluções finais). Depois disso, trabalhei no set do espetáculo medieval da Spaceship Earth, que posteriormente foi construído como eu o tinha concebido. E por último, mas não menos importante, foi incrivelmente interessante estar nas sessões de história com Ray Bradbury, você, John DeCuir Jr. e outros, cercado pela fabulosa arte de Claudio Mazzoli e Jono Lim. Eu era uma mosquinha; escrevia a história em cartões de fichamento para serem fixados na parede. Acho que estava lá porque tinha uma boa caligrafia... Foi maravilhoso! Eu não fiquei "dentro da caixa" em relação à ideia do que os arquitetos "devem fazer". Me permitiram crescer e expandir o quanto pudesse e quisesse. A WED alimentou o meu lado criativo de todas as formas possíveis.

Eli Erlandson, Imagineer aposentada, arquiteta principal

Colaboração

Há um bom motivo para que, sessenta anos depois, ainda exista apenas um nome na porta da Walt Disney Imagineering. Os Imagineers são a definição de uma EQUIPE cujas criações são uma *joint venture* de muitas mentes e talentos criativos. Eles *colaboram*!

Na minha opinião, a regra não escrita da Imagineering é ser parte de uma família. Uma família em que as ideias de todos os membros contam; independentemente de acharmos uma ideia válida ou não naquele momento, ela ainda conta. Tendo crescido na Hungria, fui ensinado quando era jovem que "mais olhos enxergam melhor". Indo além, acredito que mais mentes pensam melhor. Essa é a essência da Imagineering: não se basear na individualidade e no autorreconhecimento; mas no esforço coletivo, de equipe, para resolver impossibilidades. Isso é o que coloca a Imagineering no topo de qualquer lista nesta indústria. "Impossível" não faz parte do nosso vocabulário.

Zsolt Hormay, vice-presidente do Creative

Aprendi muitas coisas valiosas com meus colegas da WDI ao longo dos anos. Nesse processo, ganhei muitos amigos para toda a vida na Imagineering. Eu me pergunto como é possível eu ter meia ideia em um *brainstorm* e alguém na cadeira ao meu lado concluir os meus pensamentos em perfeita harmonia. Isso acontece porque muitas dessas pessoas incrivelmente criativas e interessantes têm uma história semelhante à minha. Todos fomos crianças que enxergavam o mundo de uma forma diferente, uma forma pouco convencional, mas não de uma forma ruim. É através da arte, do design e da engenharia que nós nos expressamos, e na Walt Disney Imagineering essa é a única forma de enxergar o mundo!

Daniel Joseph, designer sênior de efeitos especiais e ilusões

Enfatizar a importância do trabalho em equipe é fundamental para entender. Se um artista está trabalhando em uma ilustração, o diretor de arte pode alterá-la e mesmo desenhar no seu trabalho. Às vezes, isso é difícil para os artistas. Mas precisamos nos acostumar, sempre mantendo em mente que a sua obra é parte do todo.

Maggie Elliott, vice-presidente sênior aposentada,
administração de desenvolvimento criativo e
chefe da Oficina de Maquetes

Toda vez que tive a oportunidade, escolhi trabalhar com uma equipe com a qual nunca tinha trabalhado antes, para aprender novos métodos e novas formas de liderança. Me expondo a novas pessoas, e com novas pessoas se expondo a mim, ganhei muito mais experiência.

Daniel Jue, executivo de criação de portfólio
do Tokyo Disney Resort

O que fazemos na Imagineering é uma cooperação de muitas áreas. Esteja disposto a trabalhar com pessoas que têm qualificações e pontos de vista diferentes. A capacidade de se comunicar verbalmente e por escrito é importante, mas também é importante ser um ouvinte ativo. Aprenda a defender as coisas que são importantes para você, mas também se prepare para encontrar soluções alternativas para resolver um problema.

Marty Kindel, engenheiro principal de áudio e vídeo

Mousecar

Walt criou o Mousecar (em homenagem ao Oscar, prêmio da Academia de Artes e Ciências Cinematográficas) para premiar as "contribuições significativas" para o sucesso da empresa.

Roy O. Disney com o primeiro Mousecar.

Pateta

Eu pedi ao ex-animador da Disney Joe Lanzisero, vice-presidente de projetos da Imagineering em Hong Kong, para criar o prêmio Pateta "para projetos não cumpridos e malsucedidos".

MANDAMENTO Nº 1

Cars Land:

Cars Land, da Disney California Adventure.

MANDAMENTO Nº 2

Dumbo, do Walt Disney World:

Dumbo the Flying Elephant, Fantasyland,
no Magic Kingdom, Walt Disney World.

MANDAMENTO Nº 3

Fila de Indiana Jones:

Indiana Jones and the Temple of the Forbidden Eye, da Disneylândia.

MANDAMENTO Nº 4

Os castelos da Fantasyland:

Os castelos da Fantasyland nos parques Disney ao redor do mundo.

MANDAMENTO Nº 5

World Showcase, no Epcot:

World Showcase, no Epcot, no Walt Disney World.

MANDAMENTO Nº 6

Peter Pan's Flight, Disneylândia:

Peter Pan's Flight, Fantasyland, Disneylândia.

MANDAMENTO Nº 7

As raízes do Carousel of Progress:

Edison Square, Conceito para a Disneylândia, por volta de 1957
Inspiração para o Carousel of Progress:

- Feira Mundial de Nova York de 1964-1965
- Disneylândia, 1967-1972
- Magic Kingdom, Walt Disney World, 1975-hoje em dia.

MANDAMENTO Nº 8

Disneylândia de Xangai:

Disneylândia de Xangai, foto aérea tirada no início da construção.

MANDAMENTO Nº 9
It's a Small World:

"It's a Small World"
- Feira Mundial de Nova York de 1964-1965
- Disneylândia, 1966
- Magic Kingdom, 1971
- Disneylândia de Tóquio, 1983
- Disneylândia de Paris, 1992
- Disneylândia de Hong Kong, 2005.

MANDAMENTO Nº 10
The American Adventure:

The American Adventure, Epcot, Walt Disney World.

Na década de 1960, sempre que Walt Disney precisava de uma canção que captasse o espírito de um projeto, ele chamava a sua equipe de compositores, Robert B. Sherman e Richard M. Sherman. Eles compuseram para cinema, TV, atrações dos parques Disney e espetáculos criados por Disney para a Feira Mundial de Nova York de 1964-1965. Eles também ganharam dois Oscar por *Mary Poppins* (Melhor Canção Original, "Chim Chim Cher-ee", e Melhor Trilha Sonora Original).

Walt se juntou a Bob e Dick Sherman para cantar o sucesso da Feira Mundial de Nova York, "There is a Great Big Beautiful Tomorrow", em um curta-metragem que eu escrevi como atualização para o Conselho de Diretores da General Electric.

Figment, a estrela animada do pavilhão Journey into Imagination, do Epcot, inspirou estes versos em "One Little Spark", de Dick e Bob Sherman: "Two tiny wings/Eyes big and yellow/Horns of a steer/But a loveable fellow/From head to tail he's a royal purple pigment/And then 'voilà!'/You've got a Figment".

Em outubro de 1967, juntei-me ao arquiteto Welton Becket (no centro) e ao chefe de design da Imagineering, Richard Irvine (à direita), na clareira de quase 405 hectares onde seria construído o parque Magic Kingdom do Walt Disney World. O X amarelo marca o local do futuro Castelo da Cinderela, que foi ilustrado por Herbert Ryman.

Mantendo a tradição até o seu falecimento, Herbert Ryman fez as primeiras ilustrações da Disneylândia, do Walt Disney World, do Epcot e da Disneylândia de Tóquio (acima).

Em outubro de 2012, o chefe de criação e portfólio da Disneylândia de Xangai, Bob Weis, e os colegas Jeremy Chaston e John Lindsay (abaixo, da esquerda para a direita) encenaram aquele momento inspirador no Walt Disney World, no terreno aberto no qual ficaria o segundo parque Disney na China. A ilustração (à esquerda) representa o Enchanted Storybook Castle da Disneylândia de Xangai.

Antes da inauguração da Disneylândia de Paris, em 1992, o Imagineer Frank Armitage ajudou a apresentar o parque para a Europa e o mundo com esta fantástica ilustração digna de um livro de histórias.

1 Craig Russell
2 Marty Sklar
3 Bruce Vaughn
4 Owen Yoshino
5 Dorisz Tatar
6 Aileen Kutaka
7 Zofia Kostyrko-Edwards
8 Debbie DelMar
9 Diane Scoglio
10 Bob Gurr
11 Shelby Jiggetts-Tivony
12 Jim Thomas
13 Kevin Rafferty
14 Kathy Mangum
15 Daniel Joseph
16 Eli Erlandson
17 Dave Fisher
18 Susan Zavala
19 Joe Herrington
20 Tom Morris
21 Tim Delaney
22 Dex Tanksley
23 Lanny Smoot
24 Alfredo Ayala
25 Chris Montan
26 Dave Crawford
27 Andy DiGenova
28 Brian Crosby
29 Larry Nikolai
30 Jim Clark
31 Fintan Burke
32 Steve Miller
33 Jess Allen
34 Glenn Barker
35 Eddie Sotto
36 Barry Braverman
37 Josh Gorin
38 Val Usle
39 Marty Kindel
40 Brian Nefsky
41 David Durham
42 Daniel Jue
43 Yves Benyeta
44 Omar Fuentes
45 Chris Runco
46 Kym Murphy
47 Coulter Winn
48 George Scribner
49 John Olsen

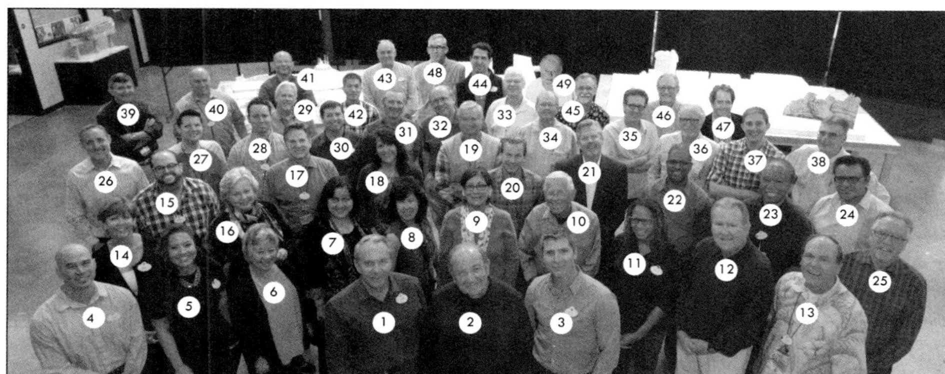

Peggie Fariss e Zsolt Hormay em frente ao Château de la Belle au Bois Dormant (Castelo da Bela Adormecida) na Disneylândia de Paris.

Com o extraordinário Enchanted Storybook Castle ao fundo, Bob Weis (terceiro, da esquerda para a direita), chefe de criação da Disneylândia de Xangai, posa no local da obra com importantes integrantes da sua equipe: Gordon Lemke, Doris Hardoon Woodward, Lori Coltrin, Abe Quibin e Stan Dodd (da esquerda para a direita).

Como um presente de aposentadoria, os Imagineers da Flórida pediram ao designer sênior de produção de espetáculo Tom Rodowsky e ao diretor de arte Joni Van Buren para criar o meu personagem favorito usando o meu chapéu favorito e jogando o meu esporte favorito, o tênis. A dedicatória diz: "MARTY 'CRAQUE' SKLAR – CAMPEÃO MUNDIAL DA CRIATIVIDADE. OBRIGADO POR NOS INSPIRAR A DAR O MELHOR".

Diego Parras, Theron Skees e Steve "Mouse" Silverstein (da esquerda para a direita) no nosso escritório na Flórida.

Quando a foto do nosso grupo foi tirada, o designer de paisagens Paul Comstock estava na América do Sul. Ele mandou notícias me atualizando sobre a viagem e a seguinte história sobre o seu mentor, o Disney Legend Bill Evans, contratado por Walt Disney em 1954 para fazer para a Disneylândia um jardim de belas árvores, plantas e flores. "Estou na Patagônia", escreveu Paul, "no rastro das árvores das faias do sul em seu hábitat natural. Durante a construção da Disneylândia de Paris, em 1991, Bill disse que precisávamos 'de uma árvore que atinja grande altura, majestosa, sempre verde, para a Town Square'. Bill me mandou para o outro lado do canal da Mancha para encontrar a Nothofagus dambeyi, ou faia do sul, cuja muda tinha sido adquirida do sul do Chile pela estação de teste agrícola de South Hampton, na década de 1930. Selecionei oito árvores, de 12 metros de altura, para a Town Square, e as restantes foram plantadas na Adventureland. Hoje, no sul do Chile, eu finalmente consegui completar o ciclo e ter contato direto com essas árvores magníficas em seu hábitat natural!".

"Bem-vindos, tolos mortais..." Tom Fitzgerald e eu vestidos como anfitriões da Haunted Mansion da Disneylândia para a introdução que escrevemos para um livro sobre essa amada atração.

Os Disney Legends Bob Gurr (no centro), designer de carrinhos, e Richard Sherman, compositor e letrista, juntam-se a mim para uma reunião na Imagineering.

O Disney Legend John Hench e eu representando a empresa no décimo quinto aniversário da Disneylândia de Tóquio, em 1998.

"Todos a bordo" para a aventura na Disneylândia de Tóquio. Este trem foi batizado em homenagem a um dos mais estimados presidentes da Disney, o falecido Frank G. Wells.

Esta foto, para um dos relatórios anuais da Disney, foi tirada em frente à Opera House da Disneylândia, onde acontece a Great Moments with Mr. Lincoln.

Uma jaqueta bem quente era necessária nas manhãs frias, mesmo na ensolarada Califórnia, durante a construção da Disney California Adventure.

Obra da Disney California Adventure, então a nona, antes da inauguração, em 2001. Em 2012, foram concluídos grandes incrementos e alterações, com a inauguração da Cars Land e da Buena Vista Street, alusiva à década de 1930.

Na época em que estudávamos o tamanho e a localização dos pavilhões do Epcot antes da inauguração do parque, em 1982, construímos essa maquete – com tamanho suficiente para fazer com que pessoas de estatura mediana, como eu, se sentissem como gigantes!

Algumas maquetes construídas na fase de estudo do Epcot, como esta – a qual eu revisei com os designers John DeCuir Jr. (à esquerda) e John Hench –, serviam mais para serem apresentadas a potenciais patrocinadores de pavilhões.

John Hench e eu usamos esta maquete do Epcot para informar os líderes corporativos da Disney e das grandes empresas sobre o planejamento e os conceitos de design do parque.

Storyboards são usados em apresentações de conceito e em discussões de desenvolvimento da narração da história, como este nas mãos dos membros da equipe de criação Eric Jacobson (à esquerda), Randy Bright (à direita) e Brock Thoman (atrás de mim).

A Oficina de Maquetes, que era gerida por Bob Sewell (à direita) no início, deu a Walt a oportunidade de avaliar designs em três dimensões.

Esta avaliação de *storyboard* apresentava o design dos vestuários para a Disney de Hong Kong.

Inspecionar os projetos de construção com a equipe é importante. Aqui, uma inspeção em andamento no local do Disney Sea de Tóquio antes da inauguração do parque, em 2001.

Quando aparecíamos juntos, John Hench e eu podíamos dizer que, somados, "temos mais de cem anos a serviço da Disney". Eu era "o caçula", com apenas 54 anos. A carreira de John na Disney se estendeu por 64 anos.

Líderes criativos trabalham em diversas áreas do projeto. Nesta foto, estou revisando a iluminação com os designers Ann Malmund e Joe Falzetta.

O nosso time do Epcot, com os Disney Legends (da esquerda para a direita) Fred Joerger, Orlando Ferrante, John Hench, eu e Collin Campbell.

SEJA DESTEMIDO
SEJA BOM
SEJA PACIENTE
SEJA ATIVO
SEJA ENVOLVIDO
SEJA ATENCIOSO
SEJA CRIATIVO
SEJA ESPONTÂNEO
SEJA CURIOSO
SEJA PERSISTENTE
SEJA INTELIGENTE
SEJA UM PRONTO OUVINTE
ESTEJA
SEJA UMA PESSOA QUE ACREDITA
SEJA DISPOSTO
SEJA HONESTO
SEJA TENAZ
SEJA ÉTICO
SEJA UM PARTICIPANTE DE EQUIPE
SEJA UM INDIVÍDUO
SEJA HUMILDE
SEJA APAIXONADO
SEJA ORIGINAL
SEJA UMA ESPONJA
SEJA ALERTA
SEJA FELIZ
SEJA OUSADO
SEJA ABERTO
SEJA UM APRENDIZ
SEJA POSITIVO
SEJA ÁVIDO
SEJA CONFIANTE
SEJA O MELHOR
Para quem quer ser um Imagineer
SEJA UM SONHADOR
Patti Newton

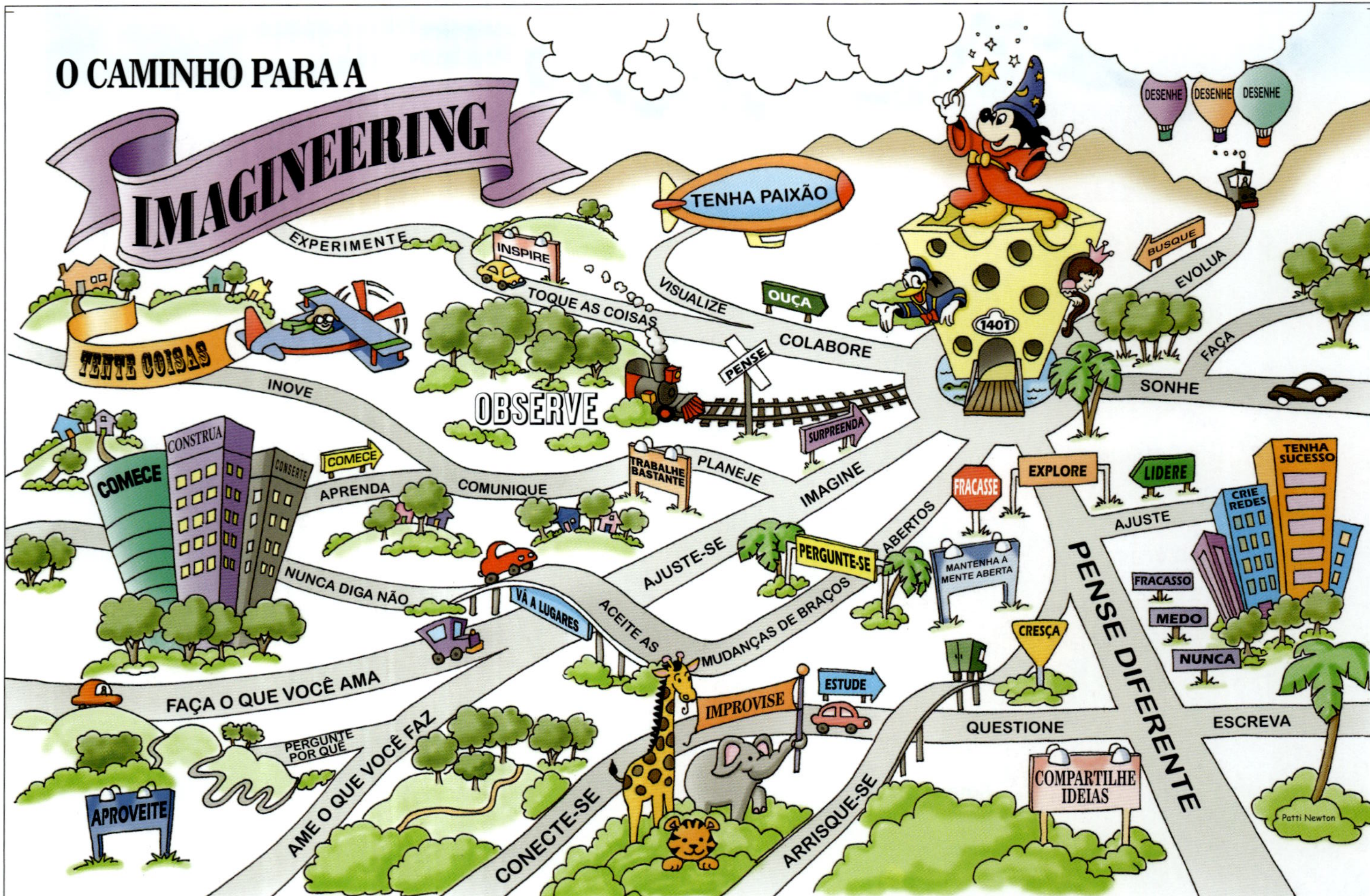
O CAMINHO PARA A
IMAGINEERING
TENTE COISAS
EXPERIMENTE
INSPIRE
TOQUE AS COISAS
VISUALIZE
TENHA PAIXÃO
OUÇA
COLABORE
PENSE
OBSERVE
INOVE
SURPREENDA
1401
DESENHE
DESENHE
DESENHE
BUSQUE
EVOLUA
FAÇA
SONHE
COMECE
CONSTRUA
CONSERTE
COMECE
APRENDA
COMUNIQUE
TRABALHE BASTANTE
PLANEJE
IMAGINE
FRACASSE
EXPLORE
LIDERE
AJUSTE
CRIE REDES
TENHA SUCESSO
NUNCA DIGA NÃO
AJUSTE-SE
PERGUNTE-SE
ABERTOS
MANTENHA A MENTE ABERTA
PENSE DIFERENTE
FRACASSO
MEDO
NUNCA
VÁ A LUGARES
ACEITE AS
MUDANÇAS DE BRAÇOS
CRESÇA
FAÇA O QUE VOCÊ AMA
IMPROVISE
ESTUDE
QUESTIONE
ESCREVA
PERGUNTE POR QUE
AME O QUE VOCÊ FAZ
CONECTE-SE
ARRISQUE-SE
COMPARTILHE IDEIAS
APROVEITE
Patti Newton

Ter uma aptidão é importante, é claro, mas um outro componente vital do trabalho aqui é a capacidade de trabalhar dentro de uma estrutura de equipe. Não importa se você é o engenheiro ou artista mais talentoso que já existiu – se não consegue trabalhar bem com os outros, você não será bem-sucedido aqui. Os nossos projetos são complexos e exigem uma enorme equipe para realizá-los. Se as pessoas não quiserem trabalhar com você, não será colocado em equipes nem será designado para as tarefas. Sempre digo que não se deve subestimar a importância de ser *gostável* – isso é tão importante quanto as capacidades técnicas. É um terreno escorregadio e não é algo ensinado nas escolas; não é algo facilmente identificável em um currículo ou em uma entrevista, então às vezes não sabemos se uma pessoa consegue trabalhar no nosso ambiente até ela chegar aqui. Eu vi pessoas falharem miseravelmente aqui dentro pelo simples motivo de que se esqueceram de quem é o nome na porta de entrada.

Kathy Mangum, executiva de criação de portfólio do Walt Disney World Projects

Se você tem um ego grande, sugiro que procure outro lugar. A Disney é sempre um esforço coletivo e é raro haver reconhecimento individual. Tenha consciência de que todas as suas grandes ideias provavelmente irão acabar em uma gaveta, e não em um parque temático.

Gordon Lemke, gerente de design e produção de espetáculo da Disneylândia de Xangai

Equipes ganham a guerra: uma das primeiras coisas que reparei em relação à WED/Imagineering foi que eu precisava reconhecer a estarrecedora riqueza de talentos disponível. Não apenas artistas, mas talento em virtualmente todas as áreas, de engenheiros a escritores e contadores. O mais importante é que são essas as pessoas que vencem, coletivamente, as complexas guerras de esforço criativo que acabam dando vida aos miraculosos projetos Disney que são desfrutados pelas pessoas do mundo todo. É uma grande honra.

Kym Murphy, produtor aposentado da Imagineer e gerente de projeto da The Seas do Epcot, no Walt Disney World

Eu chamo isso de colaboração cumulativa. Simplesmente colaborar não basta, ou então você poderia tapar o nariz e seguir o fluxo de má vontade, porque foi o que mandaram fazer ou porque não há outra opção. Buzz Price (consultor econômico de Walt Disney e ex-diretor do CalArts) falava sempre sobre a capacitação do "sim, SE", e o teatro de improvisação há muito nos ensinou a importância das contribuições "sim, E". É isso o que é a colaboração cumulativa: não ter medo de fazer a ideia de outra pessoa funcionar ou de aprimorar uma ideia sua incorporando nela ideias e designs dos outros. Um exemplo pessoal é o que aconteceu comigo quando estava dirigindo o design do castelo para a Disneylândia de Paris. Depois de pessoalmente concluir o design da torre principal, pelo qual me sentia muito orgulhoso, eu o mostrei para o meu colega Ed Sotto, que estava chefiando os esforços criativos da Main Street apenas para receber um *feedback* (de fato, para ouvir "ótimo trabalho" e nada mais). O *feedback* dele foi: "Está bacana, mas o que acha de fazer os arcos sob a varanda parecerem galhos de árvore?". (Esse era o tema de outra parte do castelo.) Seria mais fácil ter respondido "sim, mas" ou "não" (ou "meu, meu, meu..."), mas tive de admitir que era uma ótima ideia e imediatamente a incorporei... porque era a melhor coisa para o design geral e a experiência do convidado.

Tom Morris, diretor executivo de criação

Gestores de projeto devem dar ouvidos a todos os desejos, propostas e perspectivas, mas manter a autoridade para tomar decisões, levando em conta a colaboração com parceiros criativos e a equipe central do projeto, visando ao interesse do projeto. Todo problema tem uma solução. Você não é (e não tem que ser) a pessoa mais inteligente da sua equipe. Estimule o talento e a competência coletivos das suas equipes para chegar à solução. Respeite os talentos e as capacidades dos seus colegas Imagineers e confie que eles atuarão com responsabilidade.

Jim Thomas, vice-presidente sênior aposentado e gestão de projeto

A Imagineering é um lugar especial por reunir tantas pessoas talentosas de tantas áreas e com históricos diferentes para criar coisas incrivelmente complexas e enormes. Uma das chaves para o sucesso é aprender a trabalhar com as pessoas que não pensam e se comunicam como você. Isso significa parcerias entre engenheiros e designers criativos, roteiristas de espetáculos com programadores e por aí vai. Procure oportunidades de trabalhar em projetos com pessoas diferentes de você – sejam elas de uma área, cultura ou mesmo ramo de trabalho diferente. Tente enxergar as coisas pelos olhos dos outros. Muitas vezes, a nova mistura de perspectivas provoca novas ideias que nem mesmo você achava possíveis, e você vai acabar com um todo maior do que a soma de suas partes.

Josh Gorin, diretor de criação, experience design e integração, pesquisa e desenvolvimento

A colaboração é uma das melhores formas de criatividade para mim. Acho que pôr as nossas cabeças para funcionar juntas atrai novos pensamentos e ideias. Chegamos juntos a um lugar aonde não teríamos chegado sozinhos. Tenho que dizer que a melhor coisa da Imagineering são as pessoas que trabalham aqui. Trabalhar em grupo, projetando com o mesmo foco, contando juntos a mesma história é excepcionalmente satisfatório. Pratique trabalhar em um projeto junto com amigos – procure uma forma de colaborar com os outros, compartilhar ideias e aprender do que o poder de muitos cérebros juntos é capaz.

Lori Coltrin, diretora executiva de criação da Fantasyland da Disneylândia de Xangai

Ser parte de uma equipe, colaborar e compartilhar ideias com outros profissionais é um dos aspectos mais gratificantes de ser um Imagineer. Uma das lições mais importantes e difíceis de aceitar foi deixar o meu ego na porta de entrada; na qual só há um nome.

Jess Allen, fotógrafo

Aprendi que me daria bem profissionalmente se minha equipe fosse bem-sucedida. Sem dúvida, você deve refletir sobre seu próprio desempenho, mas estenda a mão para ajudar todas as outras pessoas da equipe a também serem bem-sucedidas no trabalho. Em qualquer sistema de equipe, ser um membro colaborador e que dá apoio ao grupo é realmente um bom caminho.

Cory Sewelson, artista e designer

Experiência em um parque Disney

"Aprender fazendo." A experiência de trabalhar em um parque ou resort Disney cria "momentos ensináveis" que nenhum livro ou sala de aula conseguiria replicar. A experiência de lidar com o público, ver a sua reação e observar as pessoas se divertirem são um aprendizado que não tem preço.

Para muitos Imagineers, um início importante para a carreira na Disney foi o aprendizado na "linha de frente" trabalhando em um parque ou resort Disney.

> Para colocar os pés na Walt Disney Productions, me candidatei a um emprego na Disneylândia, em 1974. Na entrevista, me perguntaram com o que eu gostaria de trabalhar. Àquela altura, eu tinha um ano de aulas de arte nas costas, então disse à minha entrevistadora que queria ser um artista, e fantasiei que ela me daria uma bela sala com uma bela janela próxima à sala do lendário artista da Disneylândia Chuck Boyer. Ela me mandou lavar pratos no restaurante Plaza Inn. "Ora, meu filho", meu pai me encorajou, "o único lugar em que você vai encontrar o sucesso antes do trabalho é no dicionário". E eu me matei de trabalhar naquela copa.
>
> *Kevin Rafferty*, diretor executivo de criação, design criativo e desenvolvimento

É inestimável o valor daquela experiência no parque. Nada se compara a isso quando se trata de obter o conhecimento sobre o ambiente no qual um designer deverá trabalhar. Parques temáticos são locais de diversão singulares, que devem suportar a pressão e o contato com, literalmente, milhões de convidados por ano. As coisas se desgastam rapidamente sob tal ataque, e precisamos ser capazes de equilibrar o valor do espetáculo e da manutenção necessária para preservar a visão artística. E não importa em que parque a pessoa já tenha trabalhado ou em que divisão – eu mesmo trabalhei durante sete anos no parque Six Flags Magic Mountain, e a experiência de trabalhar em contato direto com os convidados foi inestimável.

Larry Nikolai, diretor de criação

Eu me candidatei a um emprego de verão na Disneylândia, depois do meu primeiro ano na faculdade, com o objetivo de ser um operador dos carrinhos ou um balconista. No entanto, o encarregado do recrutamento me disse que precisavam de retratistas na Main Street, e me perguntou se eu sabia fazer isso. Para falar a verdade, eu não tinha feito muitos retratos antes, a não ser caricaturas de amigos, mas disse que sim. Então, voltei ao meu dormitório na faculdade e, para aprender, fiquei como um louco fazendo esboços de todo mundo, antes que o supervisor do Disneyland Art Festival visse o meu portfólio, duas semanas depois. Felizmente, consegui o emprego, e daí passei oito horas por dia, durante todo o verão, desenhando os convidados – a melhor aula de modelo vivo possível!

Chris Runco, designer de conceito

De repente, meu futuro se tornou claro e simples: virar arquiteto e ajudar a construir a visão de Walt. A educação alinhada à visão me levou à escola de arquitetura. Meus pais conheciam bem a minha paixão e não demorou muito para meu pai me aconselhar: "Você quer trabalhar para Disney? Então arrume um emprego na Disneylândia". Foi o que me levou, por três anos, a dirigir o monotrilho. Quando a formatura se aproximava, a WED anunciou uma posição inicial no parque para analista de pesquisa para trabalhar no Epcot. A entrevista de emprego de associado foi a última peça do dominó a cair, em junho de 1978. Ainda naquele mês, no correr de um único fim de semana, meu diploma foi entregue no sábado, o monotrilho foi dirigido pela última vez no domingo e um novo Imagineer começou a trabalhar no número 1.401 da Flower Street na segunda-feira.

Val Usle, executivo de design de sustentabilidade

Meus trabalhos nos parques Disney: cinco anos no Walt Disney World (meu primeiro emprego foi lavar bandejas no Soundstage Restaurant do Disney's Hollywood Studios) e dois anos na Disneylândia. Enquanto trabalhava nos parques, servi lanches, limpei mesas, fui anfitrião de atrações, conduzi visitas guiadas e escutei, sorrindo, elogios e queixas dos convidados de costa a costa. Aprendi o que os convidados querem e o que não querem, em primeira mão.

Jim Clark, produtor de espetáculo

Quando eu me formei na faculdade, decidi que o melhor seria tirar um diploma em negócios e tentar um trabalho na Disney. Consegui um emprego de nível básico no balcão de atendimento do Contemporary Resort, do Walt Disney World. Foi uma ótima maneira de aprender como a Disney opera os resorts e parques temáticos. Aprendi muito nos três anos que trabalhei lá. Em certo momento, me candidatei a um emprego no departamento de pesquisa e planejamento da WED Enterprises, na Califórnia.

John Verity, vice-presidente aposentado
da Imagineering do Tokyo Disney Resort

Eu comecei como auxiliar de garçom na Disneylândia, em 1969, e depois fui transferido para a WED, em 1975. Aprenda a fazer contatos. Foi assim que eu fui contratado pela WED. Ajudei alguém a ser contratado em um projeto da Disney, e essa pessoa me retribuiu o favor me indicando ao cargo. Herb Ryman certa vez me disse que adorava fazer coisas para os outros e que ficava admirado com quantas coisas boas ele recebia de volta, muitas vezes, de uma outra direção. Funciona; pode tentar.

Glenn Barker, principal designer de mídia

Uma das maiores lições que eu aprendi é simples: não existe um jeito certo de se tornar um Imagineer. Realmente nunca encontrei dois Imagineers com a mesma história sobre como chegaram aqui. Como alguém que começou em uma loja de presentes do Walt Disney World, se tornou capitão, artista, gerente e recrutador da Jungle Cruise, entrou no RH da WDI e conseguiu trocar isso por uma posição na criação, nem eu mesmo tenho certeza de que entendo essa trajetória. O que eu quero dizer é o seguinte: você pode ter um plano e um objetivo, mas a realidade é que as coisas raramente correm de acordo com o plano. Elas vão evoluir, mudar e dar voltas que você nunca previu.

Andy DiGenova, gerente do programa do Creative

Educação – nunca pare de aprender

Temos muita sorte na profissão que escolhemos; aprendemos algo novo a cada nova incumbência. No nosso campo, a oportunidade de crescer com cada novo desafio é empolgante! Aprendemos fazendo, nos associando a outros talentos, com as tentativas e os erros... descobrindo novas formas de criar e projetar as nossas histórias. Nunca pare de aprender!

Walt Disney estabeleceu um padrão para todos os que seguiam seu exemplo na Disney sobre a importância do aprendizado no nosso trabalho. Sempre havia acesso à pesquisa para obter ou verificar informações para filmes, televisão, produtos para o consumidor, publicações e parques e resorts. Além de viagens: a nossa equipe de design para o Animal Kingdom da Disney fez uma dúzia de viagens para a África e a Ásia, para estudar os animais em seus hábitats naturais – tudo o que foi refletido na caracterização dos Kilimanjaro Safaris, aldeia de Harambe e outras particularidades que tornam esse parque Disney tão autêntico.

Na Imagineering, os empregados são incentivados a transmitir o seu conhecimento e experiência. Muitos artistas, designers, engenheiros e outros talentos viraram professores, por vezes oferecendo espontaneamente o próprio tempo para os alunos do Instituto de

Artes da Califórnia (a escola de artes fundada por Walt Disney), do Art Center College of Design, da University of Central Florida entre outros.

Nos últimos catorze anos, o chefe executivo de criação da Imagineering, Bruce Vaughn, trabalha como professor adjunto na School of Theater, Film and Television da UCLA. O curso que ele dá, com palestras de convidados expoentes da Imagineering, é chamado Parques Temáticos Disney: A Arte e o Processo do Design de Entretenimento.

Inspirado por esse programa, Michael Jung, executivo de criação para o desenvolvimento cênico, deu início a um currículo básico em Experiência e Criação Temáticas e Imersivas no CalArts – a *alma mater* dele. "Abrimos um programa chamado Iniciativa Educacional do CalArts, no qual dezesseis alunos de mestrado são convidados a participarem de um programa intensivo, de um mês de duração, no qual têm mentores e um desafio ímpar de design que culmina com uma apresentação para executivos seniores da Imagineering", diz Jung. "Muitos dos alunos conseguiram estágios ou mesmo empregos na companhia, trazendo uma diversidade de novas perspectivas para o nosso formato."

Michael chama atenção para os objetivos declarados de Walt Disney para o CalArts: "O que os jovens artistas precisam é de uma escola que ofereça o aprendizado de qualificações variadas, um lugar onde exista polinização cruzada. O aspecto mais notável que está ocorrendo nas mais diversas áreas de atividade é o acelerado ritmo de crescimento e mudança dinâmica. As artes, que historicamente simbolizaram a trajetória do progresso humano, devem acompanhar esse crescimento para manter o seu valor e influência na sociedade".

Não pare de aprender. Leia livros, revistas, blogs, assista a conferências etc. Viaje o máximo que puder. Aprender o quanto você não sabe é uma experiência de humildade e inspiração.

Yves Benyeta, diretor executivo de criação

Siga o caminho daquilo em que você é pessoalmente bom e que o empolgue. É importante amar o que está estudando e no que está trabalhando ao se formar. Não importa o caminho que você escolha, entender alguns dos fundamentos do layout, design e narração de histórias é útil. Trabalhamos com ambientes reais e físicos. Compreender o básico sobre organização de um espaço físico, para que seja bem-apresentado, e conseguir contar uma história são pré-requisitos para quase qualquer emprego neste ramo.

Dave Crawford, executivo,
Imagineer de pesquisa e desenvolvimento

Nunca pare de aprender: compreender que sempre existe alguma coisa nova para aprender exige um grande nível de humildade, curiosidade e paciência. Você deve acreditar que escutar é mais importante do que falar. O aprendizado constante pode torná-lo versátil e lhe proporcionar uma aptidão de grande valor.

Daniel Jue, executivo de criação de portfólio
do Tokyo Disney Resort

Qualquer área da engenharia exige alguma compreensão das leis da física e da aplicação da matemática. Isso tudo pode ser aprendido através da educação formal e da experiência prática. Pela perspectiva formal, incentivo uma educação superior nas disciplinas da física – eletrônica, física, mecânica (aplicável na engenharia acústica). Além disso, aulas sobre os sistemas visual e auditivo humanos são de grande relevância. Não deixe de ampliar o seu conhecimento com atividades artísticas correlatas, como tocar o ukulele, cantar em um coral ou assistir ao concerto da orquestra sinfônica local.

Nelson Meacham, Imagineer aposentado,
engenharia de áudio e vídeo

As minhas recomendações para candidatos entusiastas são: conclua a sua educação – isso ajudará você a ter uma boa formação, o que trará ao seu trabalho uma variedade de ideias e experiências; aprenda e aprimore o seu ofício – saber fazer bem o seu trabalho é importante; e aceite críticas para que possa melhorar.

Omar Fuentes, coordenação de produção

Muitos estudantes querem vir para a WDI assim que saem da escola. Eu não quis e recomendo que ninguém queira. O que nós fazemos aqui é especializado. Adquirir experiência em uma atividade mais abrangente pode ser muito rico e possibilitar que você se torne mais valioso quando entrar para a Imagineering.

Coulter Winn, executivo em arquitetura aposentado

Entre com sede de aprender. Traga novas ideias, mas mantenha muito respeito por aqueles que vieram antes. A melhor parceria é aquela em que todos podem aprender uns com os outros.

Glenn Barker, principal designer de mídia

Eu nunca tive escolha. Já sabia desde os tempos da faculdade que eu ficaria em música, como compositor, instrumentista, produtor e cantor. O que eu não sabia era que viria para a Disney e supervisionaria o desenvolvimento da música de centenas de filmes, animações e ações ao vivo, produções da Broadway e atrações de parques temáticos. E o que eu aprendi é que tudo aquilo em que trabalhei como músico antes de vir para a Disney me deu alguma peça de quebra-cabeça que eu viria a usar para resolver os nossos desafios musicais. Acho que o atributo mais importante para conquistar sucesso nas artes (e você escuta muito isso) é ter paixão pela área que escolheu. Nunca pare de aprender ou ache que dominou completamente o seu ramo, porque sempre surgem dez coisas novas para aprender. E se comunicar aos seus colaboradores a sua paixão pela excelência, criará o ambiente ideal para que esses artistas façam o melhor trabalho.

Chris Montan, presidente da Walt Disney Music

Ter crescido no Brasil, cercada por muitas culturas, me deu a oportunidade de aprender muitas línguas: alemão (nossa empregada era descendente de alemães), russo (nossos vizinhos eram russos), português (minha língua materna), búlgaro (língua materna dos meus pais) e latim (exigido na escola). Depois que a nossa pequena família, de quatro pessoas, emigrou para os EUA, aprendi inglês, francês, italiano e um pouco de espanhol... Na arquitetura, também é importante conhecer a história da arte e da arquitetura e os detalhes correspondentes. São os detalhes que contam a história dos ambientes que criamos. Arquitetos da WDI nunca param de pesquisar e aprender; é assim que alimentamos nossas mentes com um imaginário inspirador.

Eli Erlandson, Imagineer aposentada, arquiteta principal

Seja ávido por todo conhecimento assim que você souber o que quer seguir como carreira. Descubra as muitas formas como o seu dom/talento pode ser transformado em uma carreira e como essa carreira pode se relacionar com outros campos de estudo. Você pode se encontrar aqui, na Walt Disney Imagineering!

Dex Tanksley, principal projetista de instalações
do Architecture Design Studio

Seja curioso

Perguntar-se "por que" ou "e se" significa que você tem uma mente questionadora que pode levar a novas direções e descobertas. Seja ávido por saber e tentar mais: *seja curioso*!

Se você quer se tornar realmente bom no meu campo, você deve se tornar um insaciável caçador de cultura e uma esponja criativa que absorve o mundo ao seu redor. Seja curioso e aberto a todos os assuntos, detalhes, locações e experiência que cruzarem o seu caminho. Dê um jeito de perceber e memorizar, escrever, fotografar, gravar ou fazer um esboço daquilo que chama a sua atenção.

Zofia Kostyrko-Edwards, ex-Imagineer, designer de conceito e principal diretora de arte da deZign sKape L.L.C.

Seja curioso/busque o conhecimento. O aprendizado e a descoberta são aventuras vitalícias.

Tim Delaney, ex-Imagineer, diretor da Tim J. Delaney Design

As pessoas esperam que os jovens sejam curiosos. No entanto, os jovens não fazem perguntas por medo de parecerem inexperientes ou ignorantes. Seja curioso em todas as idades e fases da vida. Pergunte sempre, mas também faça o seu dever de casa para não fazer perguntas disparatadas.

Debbie DelMar, executiva de tecnologia aposentada da Disney e ex-Imagineer

Seja questionador – isso alimenta a criatividade e a grandiosidade do que está fazendo; seja uma esponja. O melhor prêmio de uma viagem são as descobertas ao longo do trajeto.

Stan Dodd, produtor executivo/diretor de criação da Adventure Isle, Disneylândia de Xangai

Ser um Imagineer é mais que um emprego; é quem você é. Você nunca termina o seu turno ou se desliga. Você está sempre observando o mundo ao seu redor, imaginando como ele poderia ser melhor ou como você pode divertir as pessoas de novas maneiras. Você é fascinado por todo tipo de histórias e quer permitir às pessoas vivenciarem essas histórias.

Brian Crosby, designer de criação

Uma das coisas que mais me ajuda na minha carreira é a curiosidade. Ser curioso em relação à vida tem um valor inestimável. Se você sempre for curioso, sempre olhará o mundo perguntando como e por que isso ou aquilo é daquela maneira. Além disso, procurará mundos que não existem, se perguntando como eles poderiam se tornar realidade – o que é uma vantagem, pelo fato de que você nunca deixará de tentar algo novo. Muitas vezes vejo pessoas perdendo uma oportunidade porque não são curiosas. Pessoas curiosas acham interessantes os problemas. Pessoas que não são curiosas enxergam os problemas apenas como problemas. Em ambientes de trabalho altamente cooperativos e criativos, como a Imagineering, ser curioso lhe será bastante útil. A curiosidade beneficia a cooperatividade e, quando se trata de resolver um problema difícil, duas cabeças pensam melhor do que uma.

John Dennis, supervisor de música

Escute. Um dos aspectos mais importantes do meu trabalho como bibliotecária é *escutar* com atenção. Nunca pressuponho saber o que os outros querem – muitas vezes, eles não sabem o que querem ou precisam elaborar um conceito que ainda estão organizando na cabeça. Às vezes, durante a conversa, eles descobrem o que querem por si mesmos. É a livre associação artística.

Aileen Kutaka, bibliotecária da Imagineering

Explore ampla e profundamente. Fique atento às tendências no mundo do lazer, mas também olhe para além do universo do entretenimento, para qualquer domínio em que o público esteja envolvido pela narração de histórias e criação de ambientes. Mantenha-se a par das novas tecnologias, mas não ignore as formas duradouras de expressão humana, que transcendem os mais recentes brinquedos e ferramentas. Permaneça curioso e aberto a ideias interessantes de todas as fontes.

Barry Braverman, ex-Imagineer, executivo de criação

Há uma grande diferença entre *ser* um Imagineer e *fazer* o trabalho da Imagineering. A melhor forma de entender o tipo de pessoa que faz o trabalho da Imagineering é olhar para dois requisitos básicos: curiosidade e persistência. Walt Disney e a maioria dos Imagineers com quem eu trabalhei desde o início, há mais de sessenta anos, tinham essas duas características. Lembre-se de que os grandes Imagineers nunca frequentaram nenhum curso chamado Introdução à Disneylândia. Eles foram descobrindo ao longo do trajeto, ao longo da própria busca por respostas, sem esperar um processo ou instruções. Esse método é assim ainda hoje. Quando um pai, uma mãe ou um filho reconhece essa verdade, talvez tenha o necessário para trabalhar como um futuro Imagineer.

Bob Gurr, Disney Legend,
designer aposentado da Imagineering

Quando eu trabalhava com os gerentes seniores nas apresentações, prestava atenção para o tipo de imagens que eles estavam pedindo e por que era tão importante encaixá-las em uma parte específica da apresentação deles. Não se tratava apenas de palavras explicando o que a fotografia supostamente representava; mas de mostrar o que fazia a arquitetura, iluminação, sinalização, design de interior e exterior, atrações, lojas, restaurantes etc. – todo o enredo – serem tão mágicos!

Diane Scoglio, designer, supervisora na
Walt Disney Imagineering

A mudança é uma constante e pode ser uma das experiências mais estimulantes da vida. Walt Disney teria sido o primeiro a aconselhar: "Seja curioso sobre tudo...". Portanto, sempre faça perguntas, experimente e olhe para o comum e para o familiar de maneiras novas, inovadoras e inventivas. Procure o que há de melhor nas pessoas e esteja disposto a participar de muitas equipes. Nunca desista de si mesmo e vá com calma se você for impaciente. Nunca pare de aprender e tenha uma boa atitude enquanto está aprendendo.

Susan Zavala, especialista em design asset

Os "quatro Cs" de que Walt falava – Curiosidade, Confiança, Coragem e Constância – foram uma inspiração para mim ao longo dos meus anos na Disney. Eu diria que a curiosidade, particularmente, definitivamente moldou grande parte da minha carreira.

A Imagineering é um lugar maravilhoso para um curioso insaciável. Todos os dias, eu fazia o trabalho que havia sido designado para mim na Oficina de Maquetes e aprendia algo novo com os veteranos lá. Mas também aproveitava toda oportunidade para dar uma olhada nas instalações e ver o que mais estava sendo projetado: as plantas arquitetônicas mais recentes, os novos conceitos em sinalização gráfica, os modelos dos carrinhos, as maquetes na Oficina de Escultura, os animais recebendo pelagem no setor de Acabamento de Figura, maquinistas montando os últimos Animatronics etc. Um exemplo inesquecível foi o dia em que eu consegui espiar sobre o ombro do meu ídolo, Marc Davis, em sua mesa de desenho, enquanto ele pacientemente demonstrava e explicava suas técnicas de desenho. Uau!

Chris Runco, designer de conceito

Os Imagineers mais bem-sucedidos são aqueles que enxergam o "isso é novidade para mim" como uma oportunidade, e não como um obstáculo. Eles estão dispostos a sair da zona de conforto pelo interesse de expandir seus horizontes e de ganhar novas perspectivas. Tivemos Imagineers que receberam treinamento como operadores de carrinhos no parque antes de projetarem uma nova atração, que tiraram certificado de inspetores de segurança de *playground* para então projetarem uma área em que as crianças brincassem enquanto estão na fila e que até aprenderam a cozinhar para fazer o projeto de um restaurante. Sempre faça perguntas, aprenda como as coisas funcionam, tente coisas novas e excitantes, e você edificará uma forte base de experiências e uma curiosidade contínua que lhe servirá bem na WDI e na vida.

Josh Gorin, diretor de criação, experience design
e integração, pesquisa e desenvolvimento

Pratique a curiosidade construtiva. O melhor exemplo que me vem à mente é o de como eu me apaixonei pela arquitetura. O meu primeiro amor, a composição musical, me levou a descobrir como ela estava intrinsecamente ligada à arquitetura. Eu liguei os pontos entre a música e a arquitetura extrapolando ritmo, melodia, padrão e estrutura – elementos comuns entre elas. Ao descobrir como essas duas coisas eram interligadas, comecei a olhar para o mundo de forma diferente. Eu pratiquei esta curiosidade construtiva todos os dias na WDI, o que continua trazendo grandes benefícios para as minhas equipes de projeto.

Dex Tanksley, principal projetista de instalações do
Architecture Design Studio

Arrisque-se/pense diferente

Na Disney, somos os herdeiros de um grande legado em assumir riscos. Desde a criação do primeiro longa-metragem de animação até um novo tipo de empreendimento de entretenimento familiar e a compra da Pixar, a Disney lidera a indústria do entretenimento por pensar diferente e se arriscar em novas oportunidades. Experimente, você vai gostar!

Eu diria ao meu eu mais jovem para me arriscar mais. Tema menos fracassar e tente mais. Como diz a Nike, "just do it". Muitas vezes somos os nossos próprios obstáculos. Nós nos convencemos de que devemos esperar até termos mais informação, ou esperar até conseguirmos permissão, ou esperar até termos 100% de certeza, ou esperar até...

Acabamos esperando tanto que perdemos oportunidades. Os lema dos escoteiros é "Sempre alerta". E você? Está alerta? Se a oportunidade de trabalhar na Imagineering cair no seu colo neste exato segundo, você está alerta? Pare de dizer que não consegue e "just do it"!

David Durham, diretor do Creative Designers Studio
e do Inspirational Blue Sky Program

Trabalhar no campo da arquitetura paisagística me dá liberdade para "criar o mundo físico" que nos cerca. No entanto, sempre existe um preço a ser pago pela licença criativa. Aquele que deseja criar paisagens inéditas para a Imagineering deve ser capaz de compreender o "*éthos* e epistemologia" da criatividade em uma estrutura corporativa.

Você precisa estar disposto a voar: a pessoa com verdadeiro espírito de criador precisa estar disposta a voar... sem medo de ir até a beirada e pular... A Imagineering é um lugar criativo em que não são permitidas redes de segurança e no qual as pessoas devem ter resiliência para aceitar críticas e não ter medo de que aqueles que têm pontos de vista diferentes se afastem.

Paul Comstock, ex-Imagineer, designer de paisagens
e diretor da Comstock Landscape Architecture, Inc.

Não tenha medo do desconhecido – corra atrás dele! Valorize as reviravoltas do destino e divirta-se com os mistérios da aventura junto daqueles suficientemente corajosos para embarcar com você.

Stan Dodd, produtor executivo/diretor de criação
da Adventure Isle, Disneylândia de Xangai

Permaneça aberto a novas experiências e escolha o caminho que oferecer o maior desafio e oportunidade de crescimento.

Michael Jung, executivo de criação – desenvolvimento teatral

Os Imagineers mais bem-sucedidos são aqueles que ousam ser ousados, se expor, fazer perguntas, fracassar. O fracasso é bom quando você aprende com ele, e então se levanta e segue em frente, agora sabendo um pouco mais do que antes. Para mim, viver fora da minha introvertida zona de conforto se tornou a norma.

Eli Erlandson, Imagineer aposentada, arquiteta principal

Arranje qualquer emprego em qualquer empresa para começar. Encontre veteranos experientes para serem seus mentores. Seja humilde, ávido, absorva tudo, e faça o que for necessário para completar a tarefa do dia. Esteja disposto a trabalhar cedo, tarde ou a qualquer hora, em qualquer lugar. Esteja disposto a trabalhar na menor das tarefas nos projetos, para provar o seu valor. Aprenda com todos os convidados que conhecer. Aprenda com os convidados, passe bastante tempo no parque como um convidado (e não como um VIP). Trabalhe em projetos internacionais para compreender os negócios internacionais.

George Head, ex-Imagineer,
professor do Savannah College of Art and Design (SCAD)

Torne-se o melhor

Por definição, todos da equipe não podem ser "o melhor" – mas todos nós podemos tentar ser o melhor! E que emoção é quando cada um de nós se empenha pela mais alta qualidade, pela melhor forma, pela verdadeira excelência no trabalho – e todos nós nos tornamos *parte de "o melhor"*!

Quando você faz o seu trabalho com paixão, é capaz de se superar e de se tornar o melhor no que faz. As pessoas querem trabalhar com quem ama o que faz. Elas vão querer você na equipe; vão orientá-lo; dar-lhe oportunidades. Se você tirar vantagem de um bom número dessas oportunidades, quem sabe um dia você venha a ter o luxo de fazer o que ama.

Daniel Jue, executivo de criação e portfólio
do Tokio Disney Resort

Meu conselho para você é se tornar o melhor no que você ama fazer. Muitas pessoas diluem sua expertise tentando aprender um pouco de tudo, e eu acho que isso enfraquece o seu currículo e a sua posição como candidato a um emprego, uma vez que são boas em muitas coisas... mas não as melhores em nada. Não estou dizendo que você não deva explorar outros hobbies criativos e interesses... mas nós procuramos contratar os melhores para cada atividade. Também é bom ter o máximo possível de experiência prática, conquistar oportunidades de trabalho e estágios em outras companhias do setor de parques temáticos, e ampliar seu conjunto de qualificações e interesses com empreendimentos criativos, projetos técnicos e mesmo viagens. Quanto mais experiência tiver, mais fontes a que recorrer você terá ao tentar resolver problemas complexos.

Dave Crawford, executivo,
Imagineer de pesquisa e desenvolvimento

Todos têm sonhos. Não tenha medo de sonhar grande. O Criador fez cada um de nós diferente um do outro, com a capacidade de conquistar sucesso na área ou áreas de nossos talentos e dons. Siga os seus sonhos, sonhe alto e aproveite a jornada. A vida é uma jornada e-ticket![1] No jargão da Disney, isso significa o que há de melhor. Aproveite!

Tom Rodowsky, designer sênior de produção de espetáculo
da Walt Disney Imagineering Flórida

Para além do famoso provérbio "Tudo que vale a pena fazer, vale a pena fazer bem-feito", acredito que uma das principais chaves para a felicidade e o sucesso na vida é que você deve, na seguinte ordem: 1) descobrir o que mais ama fazer; e 2) passar o resto da vida trabalhando para ser o melhor que puder nisso. Seja o seu sonho se tornar Imagineer da Disney, saxofonista de jazz, escritor, pintor, médico ou seja lá o que for, acredito que também é esse o caminho para a felicidade, a realização e a satisfação com a sua vida. E não se surpreenda se, durante o trajeto, descobrir coisas totalmente novas e diferentes, pelas quais você se interesse ainda mais do que por aquilo que buscava originalmente. Isso é apenas

1. No antigo sistema de cobrança da Disneylândia, o e-ticket dava direito aos mais caros passeios. [N. E.]

parte do processo maravilhosamente imprevisível de descobrir o que é que você realmente ama fazer e, então, dar tudo para fazer o melhor possível!

Steve "Mouse" Silverstein, ex-Imagineer,
especialista principal de sistemas de animação
no Walt Disney World

Não importa quão difícil algo possa parecer, quando lhe pedirem para fazê-lo, apenas diga sim, e então vá descobrir como. Pela minha experiência, pessoas que dizem sim se mantêm empregadas. Com frequência, elas são mais positivas e otimistas em relação à vida em geral e uma companhia mais agradável. Se você tem paixão por Photoshop, aprenda After Effects; se você ama After Effects, aprenda Maya. Se você ama Maya, que impressionante. Apaixone-se por alguma coisa e esteja disposto a aprender. Não discuta, apenas assinta. Você terá tempo de sobra para discutir quando estiver dirigindo a empresa.

George Scribner, ex-Imagineer,
diretor de animação e concept artist

Quando estou contratando um novo designer de iluminação, quero o melhor designer que eu possa encontrar. Peço que o candidato escolha um campo em que queira trabalhar pelo resto da vida, para que se torne o melhor naquele campo. E aqui vai algo que a maioria das pessoas não sabe ou na qual não pensa: na WDI, nós nos vendemos o tempo todo. Quando temos uma ideia de atração, temos que vender a ideia para a gerência corporativa para conseguir o financiamento para construí-la. Isso é chamado barganhar. Nós barganhamos a favor de uma ideia para um passeio ou um espetáculo. Essa é uma curiosidade; temos que barganhar, ou vender para nós mesmos o tempo todo. Tarde na vida, aprendi uma importante lição: aprender a vender a si mesmo. Apesar de eu trabalhar na WDI há muitos anos e de ter um grande histórico de trabalho com a empresa, ainda tenho que vender a mim mesmo para cada nova equipe de projeto.

Michael Valentino, principal designer de iluminação de espetáculo

Quando as oportunidades surgirem, faça o trabalho que lhe derem com toda a energia e a competência que você tiver. Apresente sugestões e alternativas, mas, antes, demonstre competência na tarefa que lhe foi designada. Aborde cada incumbência como a mais importante que você jamais terá. Faça seus superiores se saírem bem com a qualidade do seu trabalho e eles notarão você. É bastante provável que o primeiro trabalho que você conseguir no campo que escolheu não seja exatamente o trabalho de seus sonhos. Será preciso tempo para chegar lá.

Laurence D. Gertz, ex-Imagineer, diretor de criação e produtor

Você deve assumir responsabilidade pela sua carreira. Deve estar pronto para demonstrar, mesmo que de supetão, a sua habilidade, talvez no aeroporto enquanto espera para embarcar no avião com um produtor à sua frente. O seu empenho em relação a sua carreira deve ser completo, sua antena deve estar sempre ligada, em busca da próxima oportunidade. O controle está nas suas mãos, o que significa que não pode delegar suas responsabilidades a outra pessoa. É você quem vai fazer as coisas acontecerem. Você deve ser a pessoa mais comprometida com a sua carreira. Cabe a você tomar a iniciativa sobre a direção que a sua carreira irá tomar. É uma grande responsabilidade para com a única pessoa que você não pode enganar ou trair: você mesmo.

Brian Nefsky, diretor de seleção de elenco

ImagiNations

Aquela canção de Richard M. e Robert B. Sherman, "One Little Spark", diz tudo:

One Little Spark
Of inspiration
Is at the heart
Of all creation
Right at the start of everything that's new
One little spark
Lights up for you.[1]

Há mais de vinte anos, em 1992 para ser exato, comecei um programa na Walt Disney Imagineering que intencionalmente tomava emprestado o seu nome de uma palavra real. Nós o chamávamos de ImagiNations. É da seguinte forma que hoje se fala desse programa:

> ImagiNations é uma competição de design, criada e patrocinada pela Walt Disney Imagineering com o propósito de buscar e alimentar

1. O trecho fala que uma pequena faísca de inspiração está no coração de toda criação, no começo de tudo que é novo. [N. E.]

a próxima geração de diversificados Imagineers. Iniciado em 1992 pelo Disney Legend e executivo da Imagineering Marty Sklar, o programa cresceu e passou a incluir uma versão à parte, patrocinada pela Disneylândia de Hong Kong.

Ao longo dos anos, centenas de estudantes de universidades de todas as partes dos Estados Unidos participaram dessa competição e tiveram a oportunidade de apresentar seus projetos para os executivos da Imagineering. Além disso, muitos deles se tornaram estagiários e realizaram o sonho de trabalhar ao lado de Imagineers e de verem seu trabalho instalado em um espaço Disney.

A ImagiNations abriu a oportunidade de estudantes exporem suas habilidades e talentos para a Imagineering por meio de um projeto ligado à Disney. Depois de receberem um desafio para fazer um projeto, estudantes e recém-formados trabalham em equipe para apresentar um conceito, de forma similar ao desenvolvimento de projetos Blue Sky pelos Imagineers. Em questão de semanas, as equipes devem colocar em prática suas diversas habilidades artísticas, técnicas e de comunicação para preparar uma proposta que seja atraente para os juízes, que têm histórico com uma ampla gama de disciplinas criativas e técnicas.

A ImagiNations foi criada para expandir as oportunidades de atrair novos Imagineers, alcançando uma população diversificada. Assim, deixamos claro que queríamos que a equipe da Imagineering refletisse a sociedade em que vivemos – lembrando que os convidados que vêm aos nossos parques e resorts não são apenas dos Estados Unidos, mas também de outras partes do mundo. E, o que talvez seja o mais importante: é uma competição de *equipe*, o que reflete a forma colaborativa com que as 140 diferentes disciplinas da Imagineering trabalham juntas em um único projeto. O resultado foi que entraram na nossa competição anual equipes de uma única escola ou associação ou mesmo de dois ou mais indivíduos que trabalham juntos em um único projeto, apesar de estarem a centenas ou milhares de quilômetros de distância.

Segue-se o que alguns Imagineers escreveram sobre essa experiência:

> Em 2005, entrei no programa ImagiNations da Walt Disney Imagineering, uma competição que tinha como objetivo encontrar novos talentos diversificados do mundo todo. Naquela época, eu sabia muito pouco sobre a Imagineering. Sabia apenas que tinha visto algumas chamadas que passavam no Disney Channel, a que eu assistia quando era criança, intituladas "Imagineer That!". Eu tinha a maior admiração pelo que os Imagineers faziam, mas nunca considerei aquilo como algo que eu pudesse, realisticamente, seguir como uma carreira. Entretanto, entrei na competição e me entreguei a ela de corpo e alma. Estava estudando ilustração na California State University, Fullerton, e pensava estar destinado a uma carreira de desenhista de história em quadrinhos. Se há uma coisa que eu aprendi na Imagineering, é que você nunca sabe o que o futuro reserva. Mesmo os planos mais bem traçados inevitavelmente sofrerão mudanças.
>
> Pouco depois de participar da competição, consegui um estágio para trabalhar no Imagineering Resource Center, ou IRC, como nós o chamamos. Durante o meu estágio, tive a oportunidade de conhecer algumas das pessoas mais talentosas e criativas que trabalhavam em entretenimento temático. E não apenas de conhecê-las, mas também de mostrar-lhes do que eu era capaz!
>
> *Brian Crosby*, designer de criação
(o projeto dele para a Cal State, Fullerton,
se baseava no filme Rocketeer, da Disney)

> No meu último ano na faculdade (University of Hawaii at Manoa), em 1993, descobri como transformar em realidade o meu sonho de ter um

emprego criativo. Um amigo meu precisava de um aluno cuja graduação principal fosse em belas artes, para ajudá-lo em uma competição do ImagiNations, da qual ele estava participando, e eu, é claro, me voluntariei. Projetamos uma eletrizante atração baseada em uma história original sobre a amizade entre três lendárias criaturas criptozoológicas (personagens). Durante esse processo, eu não apenas fiz novos amigos formando a equipe para assumir os desafios do projeto, como também relacionei-me com pessoas fascinantes da Walt Disney Imagineering. Certa vez, Bob Hope disse: "Sempre estive no lugar certo na hora certa. É claro que eu me dirigi para lá". Sim, tivemos sorte de sermos escolhidos entre tantas equipes participantes para conseguir um cobiçado estágio (direto da faculdade), mas também fomos incrivelmente impulsionados pelas nossas paixões pelo projeto e trabalhamos muito para garantir que fosse a melhor representação dos nossos talentos.

Owen Yoshino, diretor de criação, principal designer de conceito e projetos para a Disneylândia de Tóquio

Nota: dois outros Imagineers cujos conselhos aparecem nestas páginas chegaram à Imagineering através do programa ImagiNations. São Daniel Joseph e Dex Tanksley.

Nós recebemos cartas…

… e nós as respondemos!

"Uma das coisas que faço no meu 'tempo livre'", diz o designer de criação David Fisher, "é responder cartas de jovens que sonham em se tornar Imagineers. Não sei bem por que Marty me escolheu para fazer isso (há muito tempo, na década de 1990) […], mas fiquei honrado em assumir a tarefa".

Nas duas próximas páginas, há um exemplo de uma carta escrita por Dave como resposta a uma jovem fã, em fevereiro de 2014:

Walt Disney Imagineering

Cara Kylie,

Obrigado por escrever para nós da Walt Disney Imagineering e nos desculpe pela demora para responder. Como você já sabe, somos a divisão de design criativo e desenvolvimento da Walt Disney Parks and Resorts, responsável pela criação de todos os resorts, parques temáticos e atrações, cruzeiros e novos locais de entretenimento da Disney.

É sempre bom falar com pessoas que, como você, são fascinadas tanto pelos parques Disney quanto pela Walt Disney Imagineering e que manifestam interesse em quem sabe se tornarem Imagineers um dia. Assim como você, eu queria trabalhar para a Disney desde que era jovem (tinha 13 anos). Enviei uma carta para a Disneylândia perguntando como conseguir um emprego. (Embora eu ache que a carta não teve qualquer papel nisso, acabei conseguindo um no Departamento de Manutenção, enquanto estudava jornalismo e inglês na University of Southern California. Depois de formado, continuei trabalhando aqui, até chegar à minha posição atual na Imagineering.)

Com sede em Glendale, Califórnia (com Imagineers na Flórida, Havaí, Paris, Tóquio, Hong Kong e Xangai, lugares onde temos parques e resorts da Disney), nossa equipe inclui quase 1.700 criadores de espetáculos, arquitetos, engenheiros, projetistas de maquetes, escritores, técnicos e outros talentos (são mais de 140 disciplinas no total). Uma coisa que todos temos em comum é que somos contadores de histórias. Nosso objetivo é criar histórias e experiências memoráveis, e fazemos isso por meio de nossos passeios, *lands*, atrações, lojas, restaurantes e resorts.

Outra coisa que temos em comum é que gostamos de deixar as pessoas felizes. Isso pode soar meio piegas, mas talvez a melhor coisa em ser um Imagineer seja a possibilidade de criar parques, atrações e espetáculos que entretêm as pessoas. Um dos momentos de maior orgulho para qualquer Imagineer é quando uma atração é concluída e ele ou ela vê as pessoas (nós as chamamos convidados) saindo com um sorriso no rosto, animadas com o que acabaram de ver ou vivenciar.

A sua carta acabou na minha mesa, o que é bom, já que eu sei uma coisa ou outra sobre os Imagineers e sobre se tornar um Imagineer.

Sob uma perspectiva puramente legal, você deve ter pelo menos 18 anos para trabalhar em tempo integral na Imagineering; mas a maioria dos Imagineers é constituída por pessoas formadas nas melhores universidades e escolas profissionalizantes de todo o mundo e desenvolveram seus talentos e aprimoraram suas habilidades com anos de experiência aqui ou em outras empresas.

1401 Flower St., Glendale, CA 91201

Walt Disney Imagineering

Se você quiser ser uma Imagineer um dia, posso oferecer os seguintes conselhos:

1. Tente não limitar o seu interesse ao mundo da Disney. Faça com que ele seja a porta de entrada para a descoberta de outros temas, como estudos culturais, robótica, disciplinas ligadas ao cinema, arte, história, o que for. O conhecimento sobre a Disney não garante um emprego na Disney, nem é uma exigência.
2. Siga uma carreira ou uma matéria de que você realmente goste. O importante não é o que você faz, mas amar o que você faz. Não existe uma graduação nem uma profissão conhecida como Imagineering. Imagineers são, antes e acima de tudo, "outra coisa": arquitetos, engenheiros, analistas financeiros. É essa perícia e talento em outra coisa que faz alguém chegar à Imagineering. Eu sou um escritor, e foi graças ao meu amor, talento e capacidade para escrever que consegui um trabalho aqui. Isso e um pouco de sorte (o que, e qualquer Imagineer lhe dirá o mesmo, é sempre importante).

Em virtude do número e da diversidade de disciplinas que temos na Imagineering, é difícil sugerir programas de estudo ou mesmo programas específicos, no ensino médio ou na faculdade, que sejam mais indicados para preparar alguém a se tornar um Imagineer. No entanto, quando começar a pensar em faculdade (o que vai acontecer antes do que espera!), você deve ter em mente que universidades diferentes oferecem experiências diferentes para cada indivíduo. Por isso, eu recomendo que você escolha uma faculdade ou universidade na qual se sinta à vontade e que ofereça programas e atividades adequados para você. Afinal, para nós, não é a faculdade que importa – é a pessoa.

Oferecemos estágios limitados a universitários qualificados e a recém-formados. Você pode dar uma olhada em www.disneyinterns.com (na aba Walt Disney Parks and Resorts).

Você também pode buscar informações sobre o ImagiNations, uma competição anual de design patrocinada pela Walt Disney Imagineering, em www.disneyimaginations.com.

No final, só posso dizer o seguinte, Kylie: continue seguindo seus sonhos. Um dia, você poderá se tornar uma Imagineer. Quem sabe?

Saudações calorosas,

David Fisher, desenvolvimento de histórias

1401 Flower St., Glendale, CA 91201

Imagine agora que você tenha escrito uma carta para um Imagineer cuja função ou currículo lhe interesse particularmente.

Nas páginas seguintes, você vai conhecer alguns dos melhores e mais brilhantes deles, descobrir o que, segundo eles, é importante para suas carreiras e até ler umas palavrinhas sobre seus projetos favoritos.

* * *

Alfredo Ayala completou recentemente seu vigésimo ano na Imagineering. Nascido em Los Angeles, formou-se em engenharia e química na Cal State Los Angeles. É um dos principais líderes de criação em pesquisa e desenvolvimento e tem mais de dez patentes. O seu projeto favorito é sempre o próximo. "Eu realmente amo começar com uma folha de papel em branco; é aí que mora a criatividade!"

Estou na Imagineering há pouco mais de vinte anos. Ser um Imagineer me permitiu trabalhar com as pessoas mais criativas que o mundo tem para oferecer. Muitas pessoas me perguntam o que eu faço como Imagineer e como alguém se torna um Imagineer.

A resposta simples é esta: eu ajudo a imergir pessoas em experiências tridimensionais reais, físicas, pelas quais a magia das histórias da Disney ganha vida.

Aqui vai uma lista das coisas que você tem que conquistar para fazer o meu trabalho:

1. Você deve estar disposto a nunca parar de aprender.
2. Você deve não só praticar sua arte ou ciência, mas também se esforçar para aprender novos segredos.
3. Você não pode ter medo de falhar.
4. Você tem que amar trabalhar com equipes grandes e heterogêneas e compartilhar ideias.

5. Você não pode ter preconceitos. Para ser um grande artista, precisa ter grande capacidade de observação; para ser um grande cientista, precisa ter grande capacidade de observação. A ciência e a arte são fundamentalmente iguais em espírito.
6. Você deve estar disposto a respeitar a si mesmo e aqueles ao seu redor.
7. Você tem sempre que encontrar formas de transformar uma ideia em realidade.
8. Você tem que aprender a não se ofender facilmente. Se está disposto a ouvir críticas às suas ideias, você vai ser um bom Imagineer.
9. Se você enxerga potencial e oportunidade onde outros veem obstáculos, você é um Imagineer.
10. Não tenha medo de mudanças; receba-as de braços abertos!

Bem, esta é a minha singela contribuição sobre ser um Imagineer. É através da educação que você obtém essas habilidades. Encontre sua paixão e, quando o fizer, não abra mão dela. Eu garanto que será uma jornada divertida.

* * *

Yves Benyeta, diretor executivo de criação, está de volta a Glendale depois de uma missão de dois anos no Tokyo Disney Resort. Nascido em Toulon, na França, iniciou sua carreira na Disney há mais de 25 anos, com o projeto da Disneylândia de Paris – até hoje, o seu favorito.

Caro jovem designer,

Tenha confiança em si mesmo como criador. Seja engraçado, sério, promotor de si mesmo, irreverente, enfim – seja você mesmo. Instinto e intuição são faculdades poderosas. Aprenda a confiar nelas, mas lembre-se de que a Regra de Ouro realmente funciona. Algumas de suas melhores decisões criativas serão, no fim das contas, dizer não a uma pessoa ou a um projeto.

Seja autêntico. O bem mais importante que você tem é a sua individualidade, aquilo que torna você único. Não trabalhe em um estilo específico. Em vez disso, desenvolva uma abordagem pessoal para o seu trabalho criativo. Estude o trabalho dos outros a fim de compreender, não de reproduzir.

Encontre e guarde coisas relevantes e interessantes e passe-as a seus amigos e colegas de trabalho. Compartilhe sua experiência com outras pessoas; é uma boa maneira de reciclar as ideias e obter mais pontos de vista. Procure a crítica, não o elogio.

Trabalhe mais do que todo mundo, você sempre vai se beneficiar com o esforço. Nunca desista, mas não espere que seja fácil. Faça a sua lição de casa.

Saia do computador e se conecte com pessoas e culturas reais. Faça coisas com as mãos. A inovação em pensamento não é suficiente. Abandone temporariamente a zona de conforto e experimente uma abordagem que nunca tentou. Não se considere acima de nada. Às vezes, os pequenos trabalhos levam aos grandes. Amar todo o processo de design, do início ao fim, é algo importante.

Nunca concorde com a cabeça e diga que entendeu se não entendeu. Diga: "Não entendi o que você quis dizer". Não é falta de educação. Não vão achar que você é estúpido. Nunca aceite uma resposta horrível ou errada.

Não se esqueça de se divertir! Caso contrário, como pode esperar que nossos convidados se divirtam com as experiências que você está criando?

* * *

Fintan Burke, diretor técnico/gerente de animação, é de Limerick City, Irlanda. Ele abandonou a escola aos 16 anos, mas frequentou o supletivo em Limerick, estudou francês no Westminster College, em Londres, e fez um curso de liderança na UCLA. Seu projeto favorito é o Animal Kingdom da Disney, "porque me desafiou como nada que eu tinha feito antes".

O que me fez o Imagineer que sou hoje foi o ensinamento que meu pai me deu quando eu era aprendiz de funileiro em sua oficina. Ele me tirou da escola aos 16 anos, me levou para a oficina, Paul Burke and Co. Panel Beaters, e foi lá que eu completei meu programa de aprendiz, que durou cinco anos, e me tornei funileiro.

Odiei meu pai por me tirar da escola; não me dei conta de que ele estava me dando um presente. Eu me tornei forte, no caráter e nas habilidades: moldar metal, soldar, reparar, pintar. Sabia consertar qualquer coisa e produzir qualquer coisa. Isso também me inspirou a sair de casa e voltar para a escola. Trabalhei em Londres (em uma oficina de consertos da Rolls-Royce). Trabalhei em Los Angeles (Vel's Parnelli Jones Body Shop e sua divisão de corrida) e também tive uma pequena oficina em sociedade com o meu bom amigo Charlie Eddy, onde restaurávamos velhos clássicos europeus e trabalhávamos em carros-conceito para a Mitsubishi e a Honda. Também tive a sorte de trabalhar no mundo das corridas com a série Can-Am e Indy Bullet para Al Unser Jr.

Tudo isso abriu caminho para minha carreira na Disney. A Disney tem muitos caminhos que você pode trilhar; é só acreditar em si mesmo e nunca permitir que alguém lhe diga: "Você não pode fazer isso". Na verdade, é justamente aí que começa a *diversão*.

* * *

Oscar Cobos Jr. é designer, diretor do ateliê de arquitetura e está há quase trinta anos na Imagineering. Nascido em Camargo, Chihuahua, México, Cobos obteve o diploma de arquitetura na University of Southern California. Seu projeto favorito é a área da

Arabian Coast do DisneySea de Tóquio, porque "tive a oportunidade de projetar o ambiente arquitetônico de todo o território".

Como eu acabei me tornando um Imagineer? Antes de qualquer coisa, me tornar um Imagineer não era o meu objetivo quando eu estava buscando dentro de mim o que queria ser, o que deveria estudar, durante o complicado período da minha vida que foi o último ano do ensino médio. Muitos jovens nessa idade são obrigados a fazer escolhas que vão impactar e moldar o resto de sua vida. Nesse momento, temos que nos perguntar: "O que eu realmente gosto de fazer?". Ou: "Em que área eu realmente tenho talento?". Ser fiel a isso e a si mesmo é o primeiro passo para ser o melhor possível em algo. Portanto, você precisa ir até o fundo do seu coração e da sua mente para tomar um caminho na vida que seja fiel ao que você é.

Depois de trabalhar em várias empresas de arquitetura nos primeiros anos da minha carreira, a empresa onde eu trabalhava foi consultada para fazer desenhos arquitetônicos para o então chamado Epcot Center. De repente, meus pensamentos viajaram para o dia em que visitei a House of the Future! Eu estava fazendo o que amava para a Disney Company, que tinha me inspirado a escolher o caminho da arquitetura. A minha jornada profissional não consistia em trabalhar para determinada empresa, e sim em me desenvolver em um campo no qual eu usasse meus dons, meus talentos, minha paixão, meu amor; onde e quando fazer isso eram possibilidades em aberto.

Felizmente, alguém com as minhas habilidades poderia ser útil à Walt Disney Imagineering; lá, eu poderia pôr em prática as coisas que tinha aprendido e que amava de paixão, projetando e construindo os maravilhosos parques Disney, que as pessoas de todo o mundo adoram e pelos quais são inspiradas.

Agora eu penso: "Se eu tivesse moldado a minha carreira para trabalhar na Imagineering e nunca tivesse sido contratado pela Disney, a minha vida seria uma decepção?". Mas não, eu moldei a minha carreira pelas coisas que amo, para as quais sinto ter o dom, e isso não me levou à decepção; isso me deu uma vida de realizações, uma carreira de realizações, fazendo o que amo e desfruto, criando ambientes e experiências inesquecíveis para que os meus conterrâneos se inspirem.

Seja verdadeiro consigo mesmo.

* * *

Tim Delaney hoje comanda sua própria empresa, Tim J. Delaney Design, depois de 34 anos na Imagineering. Nascido na mesma rua da sede da Imagineering, em Glendale, ele se formou na Art Center College of Design em Pasadena, Califórnia. Seu projeto favorito: "Liderar a equipe na criação da Discoveryland, uma nova versão da Tomorrowland na Disneylândia de Paris".

DEZ COISAS QUE EU LEVEI 34 ANOS PARA APRENDER E DAR VALOR NA IMAGINEERING

1. SEJA CURIOSO/BUSQUE CONHECIMENTO: no espírito de Herbie Ryman e John Hench, aprender e descobrir são aventuras que duram a vida toda. Nos meus últimos cinco anos na WDI, o meu escritório ficava a poucos metros do de John Hench, e toda tarde eu via os livros e revistas chegarem da biblioteca – o material que John leria à noite. A diversidade de assuntos e a variedade de materiais eram impressionantes! Quanto a Herbie, ele me ensinou o valor do caderno de rascunho e de anotar ideias e imagens para alcançar o conhecimento interno. A compreensão do eu criativo forja o poder pessoal e emocional que todos os projetos devem ter.
2. A CRIATIVIDADE TEM MUITAS FORMAS: todos os empreendimentos bem-sucedidos se baseiam na criatividade. Para mim,

criatividade é o processo de olhar para problemas e projetos e encontrar a solução mais singular. Criatividade não é só para as artes. Na WDI, os melhores avaliadores são os que ajudam a usar as estimativas de formas criativas para levar um projeto adiante.

3. TENHA CORAGEM: acredite nas suas ideias. Se elas se baseiam na inspiração, na pesquisa e no desejo sincero de criar algo novo e especial, mantenha-se firme, independentemente da oposição. Um dia, eu fui chamado ao escritório de Frank Wells, e lá, batendo o dedo no meu peito, ele disse: "É o trabalho de vocês, como Imagineers, dizer a nós, Michael [Eisner] e eu, o que é novo e qual é a coisa certa a fazer; e é o nosso trabalho decidir se vocês estão certos!". Apesar de ter sido um grande conselho de um grande homem, isso raramente facilitou a minha vida com gestão de projeto.
4. TALENTO: toda pessoa tem. A chave é descobrir como esse talento pode ser usado da forma mais eficaz. Pense em uma equipe de projeto como um automóvel de alto desempenho em que cada peça tem que funcionar em harmonia para levá-lo à frente.
5. JOGUE PARA O TIME: nenhum projeto é construído por uma única pessoa. Acredite na equipe; ela é a sua família em um projeto. Toda equipe é formada por talentos diferentes; usá-los eficazmente é a chave do sucesso.
6. LIDERE O TIME: nenhuma equipe avança sem liderança, e uma liderança poderosa a faz avançar mais rápido e mais longe do que se pode imaginar. Lembre-se: existem muitos gerentes no mundo, mas poucos, muito poucos, líderes.
7. PAIXÃO: como se diz, nada que valha a pena é feito sem ela.
8. SEJA UMA FORÇA POSITIVA: o mundo está cheio de energia negativa, mas não se alcança o sucesso em nada sem que haja uma rigorosa força positiva por trás.
9. RESPEITE O ORÇAMENTO: todos os empreendimentos criativos bem-sucedidos têm de existir no mundo real, e o respeito ao orçamento e ao cronograma do projeto é a chave do sucesso.

10. SE O PROCESSO NÃO É DIVERTIDO, O PRODUTO TAMBÉM NÃO SERÁ: o mundo está se perdendo num excesso de procedimentos e de reuniões. Aprenda a se divertir.

* * *

David Durham atua em duas áreas: chefia o Creative Designers Studio e dirige o Inspirational Blue Sky Program. Nascido em Salt Lake City, ele se formou no California Institute of Technology (Caltech) e é um Imagineer há mais de 25 anos, depois de ter passado vários anos na Disneylândia. Seu projeto favorito: a Cosmic Waves Fountain da Tomorrowland, na Disneylândia. O projeto "ofereceu aos convidados a diversão pura de brincar na água – o tipo de diversão que costumávamos ter no playground quando crianças mas que esquecemos ao envelhecer".

Há muitas lições que aprendi com o passar dos anos que eu adoraria ter ensinado ao jovem David Durham... O problema é que ele não teria acreditado no meu eu mais velho. O eu de hoje e o eu de 25 anos atrás (quando comecei na Imagineering) são duas pessoas muito diferentes. A vida e as lições da vida criaram o eu que hoje está aqui. As mensagens de sabedoria iriam simplesmente ricochetear na minha cabeça se lançadas naquele meu sósia mais jovem.

Eu poderia dizer a mim mesmo: "Reajuste suas expectativas, porque tudo leva mais tempo do que você pensa". Mas não tenho certeza se isso entraria na minha cabeça.

Há muitos Imagineers que, como eu, tiveram de esperar anos para ter sua chance. No setor imobiliário, o importante é estar no lugar certo; no entretenimento, o que importa é a hora certa. Não interessa se você é o melhor do mundo em determinada tarefa; se a empresa na qual você quer trabalhar não está contratando, essa porta específica está fechada temporariamente. Você é paciente? Você vai ser persistente?

Eu diria ao meu eu mais novo que é importante saber o que você quer fazer na vida. Artista, engenheiro, avaliador, arquiteto, produtor, criador de maquetes...? A lista é enorme. Das 140 disciplinas, qual é AQUELA que é a sua cara? A Imagineering não vai lhe ensinar uma profissão. Se você está sendo contratado como avaliador, já deve saber atuar como avaliador. A Imagineering vai lhe ensinar os detalhes de uma cultura única e as especificidades do processo. Lembre-se de que você está sendo contratado em sua área de especialização; você não vai experimentar um pouco disso e um pouco daquilo para depois decidir se algo lhe interessa mais. Você precisa fazer uma escolha no início. Então, o que você quer ser quando crescer? Escolha a sua área de interesse; isso vai determinar as matérias que escolherá na escola, as atividades extracurriculares em que vai se envolver, os seus hobbies... E deve gostar e ter paixão por todas essas coisas. Se você não é apaixonado pelo trabalho específico que faz, está no campo errado. Paixão não é uma exigência para nenhum trabalho, mas, muitas vezes, é o que diferencia os melhores dos demais.

E, por fim, eu diria ao meu eu mais novo: "Cuidado com o que você deseja"... A Imagineering é um lugar incrível, cheio de pessoas fantásticas que criam atrações maravilhosas. Trabalhamos inacreditavelmente duro, em silêncio, nos bastidores, para que tudo pareça fácil. Os Imagineers estão entre os profissionais que mais dão duro no mundo. Se você não tem uma ética de trabalho forte, determinada, que valoriza o trabalho duro, trabalho em equipe, atenção ao detalhe, longas jornadas, viagens internacionais, tensão criativa e vontade de superar os próprios limites, talvez a Imagineering não seja para você. Mas... se você é apaixonado por criar novos mundos, se acredita que qualquer coisa é possível, se acredita – como diz a declaração de missão da Imagineering – que "pessoas felizes tornam o mundo um lugar melhor", talvez, apenas talvez, a hora se fará certa, os anos de preparação darão frutos e suas habilidades únicas encontrarão um lugar na Walt Disney Imagineering.

* * *

Elisabeth (Eli) Erlandson obteve seu diploma de arquitetura da University of Southern California (USC) e se aposentou como arquiteta-chefe em 2014. Seu país natal (nasceu em São Paulo) teve uma influência constante em sua carreira.

Desde criança, meu sonho foi trabalhar na Disney algum dia. Conforme eu crescia, minhas paixões se tornaram muito evidentes para mim. Com 3 anos, eu já era uma artista; com 11, já queria ser arquiteta. Tenho perseguido esses dois interesses com seriedade desde então.

Em 1975, meu pai me deu um presente inusitado, que mudou minha vida. No dia da minha formatura na USC, me entregou um formulário em branco da WED Enterprises. Ele sabia do meu sonho e queria me ajudar a realizá-lo. Eu nunca havia ouvido falar da WED. Naquela época, era um lugar secreto, um armazém modesto, escondido em um bairro comercial de Glendale, Califórnia, sem sinais que denunciassem a sua existência. Eu me atrevi a me candidatar naquela mesma semana e, para a minha felicidade, isso foi o início da minha longa carreira na WED/WDI.

Se você é jovem, inexperiente, a melhor maneira de se preparar para a WDI é saber por qual campo se interessa, estudá-lo bem, superar a média, acreditar em si, ser ousado e se atrever a se candidatar ao trabalho na WDI. Quando você entrar, ponha o seu ego em perspectiva e seja humilde diante do imenso e excepcional talento de indivíduos experientes em todas as disciplinas. Seja humilde o suficiente para entender que você tem muito a aprender com eles, mas não tão humilde a ponto de ficar paralisado por "medo de falhar".

Outro aspecto que faz de uma pessoa um bom Imagineer é seguir outros interesses além de sua profissão. Na WDI, na arquitetura, havia indivíduos que se interessavam por música, escrita, teatro, fotografia, pintura, dança, escultura, moda, marcenaria, poesia e esportes. Um caso pouco comum me ocorre: Stan Jukowicz, que trabalhou na WED nas décadas de 1970 e 1980, era um artista impressionante quando se tratava de desenho arquitetônico temático... e amava insetos – possuía uma coleção de espécies reconhecida mundialmente e também, sob sua mesa na WED, uma criação de bichos-da-seda dos quais cuidava como se fossem seus filhos. Ele os alimentava diariamente com folhas da amoreira do pátio da cafeteria e cuidava para que a temperatura sob sua mesa estivesse sempre certa, para que os bichos-da-seda se tornassem belas borboletas.

Acredito que esses outros interesses são cruciais. Nos possibilitam trabalhar por muitos anos em projetos muito difíceis, com pequenos intervalos entre eles. É nesses interesses externos que encontramos a paz e a força para continuar. Graças a eles, também ganhamos uma compreensão mais profunda uns dos outros e nos entendemos melhor quando as coisas estão complicadas.

Nossos projetos são difíceis; mesmo as coisas simples não são simples na forma como as fazemos. Trabalhar na WDI não é para quem procura uma trajetória fácil rumo ao sucesso em sua área. Você pode ser inteligente, mas todos ao redor também são. É para aqueles que amam desafios e dificuldades. É para aqueles que sempre seguem em frente motivados pelo objetivo da equipe. Nem todo mundo é adequado para isso, mas aqueles que são se sentem muito satisfeitos.

Aprender, entender e utilizar Os Dez Mandamentos da Disney também é bastante útil. Além disso tudo, também é importante ter uma ótima atitude, senso de humor e uma personalidade que conquiste respeito.

Outra habilidade útil que se deve desenvolver é saber se apresentar em público para explicar claramente uma ideia e como ela se encaixa na "história" que a equipe está criando. Entender a importância da "história", entender qual é o público para o qual ela se destina é imprescindível – é a essência do que fazemos.

Na arquitetura, também é importante conhecer a história da arte e da arquitetura e os detalhes correspondentes. São os detalhes que contam a história dos ambientes que criamos. Arquitetos da WDI nunca param de pesquisar e aprender; é assim que alimentamos nossas mentes com um imaginário inspirador.

Nem todo mundo é adequado para essa maratona que é a Imagineering. Aqueles que são talhados para isso criam e participam da viagem mais fantástica e divertida da vida!

* * *

Peggie Fariss nasceu em Fresno, Califórnia, formou-se em inglês na Cal State Fullerton e fez "muitas e muitas disciplinas extracurriculares na UCLA".

Iniciou a sua carreira na Disney, na Disneylândia, e é uma Imagineer há quatro décadas, tendo trabalhado durante muitos anos com as corporações patrocinadoras dos parques. Recentemente, ela completou cinco anos como chefe de criação da equipe da Imagineering na Disneylândia de Paris. Seus projetos favoritos são um *pot-pourri* de novos empreendimentos, com especial carinho pelos projetos do Epcot, incluindo seu "mergulho" na história para o desenvolvimento do Spaceship Earth, e pela organização das Conferências do Epcot, incluindo a formação dos Conselhos Consultivos dos Pavilhões.

"Não sei... mas vou descobrir."

Eu ouvi essas palavras pela primeira vez há praticamente cinquenta anos, quando era uma membra do elenco da Disneylândia e trabalhava no Storybook Land Canal Boats e participava de um programa de orientação da Universidade Disney. Foi em uma reunião para nos preparar para o que deveríamos esperar quando estivéssemos no palco e o que seria esperado de nós. Esta mensagem em particular nos dizia duas coisas: a primeira parte ("não sei...") nos ensinava que ninguém esperava que tivéssemos todas as respostas, ou seja, deveríamos relaxar e ser honestos; a segunda parte ("... vou descobrir") exigia ação. O trabalho não terminava até que tivéssemos encontrado e transmitido as informações solicitadas.

Mais tarde, descobri que esse dito era uma das "regras cardinais" estabelecidas por Marty Sklar para a Imagineering e que havia entrado no programa de treinamento da Disneylândia por causa dele.

Essa frase se tornou meu mantra e enriqueceu minha vida de inúmeras maneiras porque me permitiu – de fato, me impeliu a – explorar...

Nos meus primeiros dias na Disney, as perguntas eram bastante simples: "A que horas é o desfile?"; "Onde ficam os banheiros mais próximos?"; "Quais são os nomes dos Sete Anões?". Fornecer as respostas certas era bastante fácil: "Às cinco horas"; "Passando o Carrossel do Rei Arthur"; "Feliz, Soneca, Atchim, Dunga, Mestre, Zangado e Dengoso".

Durante o período em que trabalhei como organizadora de reuniões no Walt Disney World, as perguntas exigiam que eu consultasse especialistas: "Qual vinho combina bem com a costela?"; "Que considerações logísticas envolve um deslocamento de mil pessoas da localização X para a Y, para que elas tenham uma boa vista dos fogos de artifício – e que tal um plano caso chova?".

Poucos anos depois, durante a evolução do Epcot, as perguntas se tornaram ainda mais interessantes e serviram de porta de entrada para um mundo de tópicos fascinantes e pessoas notáveis: "Quem, no mundo inteiro, estava realizando um trabalho inovador na agricultura, na pesquisa oceânica, no espaço?"; "Quais foram as principais conquistas tecnológicas nas comunicações nos últimos 40 mil anos?"; "Qual era a pronúncia da língua fenícia?"; "Que instrumentos nossos músicos renascentistas devem tocar e quem toca esses instrumentos hoje em dia?".

Tudo isso me fez entender que o aprendizado nos abre para o mundo e para novas possibilidades. Mantém as perspectivas renovadas e a imaginação flexível. Portanto, seja corajoso e esperto, alimente a sua capacidade de se encantar, celebre a sua curiosidade e receba de braços abertos as deliciosas aventuras que o esperam quando você encara o desconhecido. "Vá... e descubra!"

* * *

Joe Herrington, chefe de criação de mídia de áudio, nasceu em Houston, Texas. Depois de frequentar o Odessa College e a San Diego State University, ele achava que estava destinado a ensinar astronomia. Mas o seu amor pela tecnologia o levou ao rádio e à televisão e, depois, ao cinema e à produção de som. Imagineer há mais de trinta anos, Herrington adorou pisar em novos territórios tecnológicos com os Radiator Springs Racers na Disney California Adventure e com o carro de Indiana Jones na Disneylândia.

Eu converso com muitos jovens que aparecem em busca de trabalho na minha área. Alguns são estagiários e outros não, mas quase todos são brilhantes, bem qualificados e enérgicos. Não lhes falta paixão. Eles têm as credenciais, mas em geral lhes falta um ingrediente: o tipo de alicerce necessário para construir um futuro aqui. Então, o que eles precisam saber acima de tudo?

Esses jovens candidatos se dividem em duas categorias.

As pessoas do primeiro grupo forçam a barra e acabam nunca encontrando seu lugar, enquanto as do segundo parecem naturalmente pertencer a um nicho que se urde harmoniosamente ao tecido que é nosso ambiente único e criativo.

A primeira categoria é formada pelos jovens diplomados que aparecem à nossa porta acreditando ser a última bolacha do pacote e que não podemos prescindir deles. Foram educados por mentores que lhes disseram que eram maravilhosos e os protegeram da realidade do trabalho duro, das consequências e do fracasso. Eles chegam a nós envoltos em uma bolha, alheios ao que não sabem, mas muito ansiosos para mostrar e dizer o que sabem.

Os jovens do segundo grupo de alguma forma escaparam desse lamaçal cintilante e enganoso. Tiveram mentores que lhes mostraram que tropeçar é parte da vida, mas aprender a se levantar, repetidas vezes, é o que faz a diferença no sucesso dessa mesma vida. Esses mentores lhes ensinaram a erguer o alicerce da vida com os tijolos e o aço da humildade, do trabalho duro e do comportamento ético. Primeiro e acima de tudo, eles aprenderam o seu lugar e a sua responsabilidade na sociedade e, em seguida, aprenderam a desenvolver suas capacidades sobre esse alicerce.

A atitude resultante inerente a esses dois grupos determina se eles aparecem aqui em uma bolha de vidro, acreditando ser a última bolacha do pacote, ou vestindo o manto da humildade, conscientes de que estão ali para colaborar com as mentes mais criativas do mundo.

O primeiro grupo crê possuir a mesma cultura dessas mentes. O segundo entende que o aprendizado real está apenas começando, e seus membros se esforçam para se tornar esponjas e absorver tudo que é possível; sua humilde atitude é: "Eu vim para aprender. Por favor, me ensine tudo o que puder".

Então você quer uma carreira como Imagineer? Deixe que os valores colocados à prova pelo tempo ditem a maneira como você permite que os mentores acessem o seu intelecto. Seja paciente, mas ansioso para ouvir mentores de confiança. Reconheça que tropeçar é um processo de aprendizagem. Aprender com o tombo e se levantar de novo, repetidas vezes, é o caminho para o sucesso. Saiba que todo o conhecimento que você adquire na escola não é sabedoria e que ele deve ser aplicado com humildade, paciência e integridade.

Não faltam jovens com grandes qualificações que chegam a nós. Mas, para preservar a exclusividade da marca Disney e, ao mesmo tempo, fazê-la crescer para atender às demandas do futuro, essas qualificações devem ser vistas como pré-requisitos para aprender com os mestres. Atitude é tudo. Ela pode esconder uma grande habilidade e um gênio criativo, ou fazê-los voar.

* * *

Zsolt Hormay deixa de lado seu interesse por música (ele toca flauta, guitarra clássica e acústica e alaúde renascentista) e pelos esportes (defendeu por dois anos a equipe nacional de hóquei da

Hungria) para se concentrar em *placemaking* e design de produção na Imagineering. Nascido em Pécs, na Hungria, estudou artes plásticas em Budapeste e tornou-se um dos vice-presidentes de criação após treze anos na Imagineering. Zsolt conta que a Tree of Life no Animal Kingdom da Disney é seu projeto favorito porque teve, em suas palavras, "a oportunidade de reunir uma equipe internacional de escultores de primeira linha para cuidar de quase trezentos entalhes detalhados de animais na árvore de 44 metros de altura" – uma declaração escultural da beleza interminável e da natureza interligada das muitas criaturas da Terra.

> Você quer ser um Imagineer? Você quer fazer mágica? A magia não se obtém facilmente; a magia só pode se tornar magia se você der tudo o que tem e o que não tem para fazer do impossível uma realidade. Os Imagineers estamos sempre buscando novas oportunidades para aprimorar o que fazemos, de forma a permanecer na vanguarda. Os Imagineers estamos sempre trabalhando para entender e utilizar a tecnologia mais moderna para ficar à frente no placar, mas ainda conscientes de onde viemos – a visão do próprio Walt Disney – e para onde vamos no futuro. Para ser os melhores, e nada menos do que isso!
>
> Acredito firmemente que trabalhar para a Walt Disney Imagineering é a máxima satisfação para qualquer jovem mente criativa que esteja empenhada em seguir seus sonhos. Ao passar pela porta, você vai se deparar com um mundo do qual nunca vai querer sair. Eu fui, eu sou e eu sempre serei o mais orgulhoso dos Imagineers.

* * *

A gerente de desenvolvimento criativo **Shelby Jiggets-Tivony** chegou à Disney em 2001 para desenvolver espetáculos teatrais para os parques e a Disney Cruise Line. Nascida em Richmond, Virgínia, frequentou a Virginia Commonwealth University. Aulani, o resort e spa da Disney no Havaí, desafiou Shelby e a equipe a "pôr a cultura em primeiro lugar e – aproveitando o conhecimento de uma comunidade de artistas e interlocutores nativos – criar um resort projetado com a estética de um 'd minúsculo' (de Disney) e um 'h maiúsculo' (de Havaí)".

Tendo crescido em Richmond, na Virgínia, na década de 1970, fui beneficiária do que se tornaria um dos últimos vestígios dos programas da Grande Sociedade de Lyndon Johnson. Os ingressos para performances de *A flauta mágica*, de Mozart, e *Pedro e o lobo*, de Prokofiev, bem como a apresentação do filme *Romeu e Julieta*, de Franco Zeffirelli, eram todos subsidiados pelo governo. A agência governamental National Endowment for the Humanities enviava artistas locais a nossas escolas públicas. Minha escola primária, de alunos exclusivamente negros, ao norte de Richmond, recebeu um músico para nos ensinar a tocar o saltério… O saltério! Por que diabos um grupo de crianças da cidade precisaria saber tocar um instrumento de cordas usado para fazer música folclórica dos Apalaches? O que eu não sabia na época era que, mesmo ao revirar os olhos enquanto tocávamos a tradicional música americana "Oh Shenandoah" e zombar do sotaque de Olivia Hussey (procure no Google), eu estava me apaixonando pelas artes cênicas. Uma companhia itinerante do Alvin Ailey American Dance Theater, que se apresentou no Carpenter Theatre Center, de Richmond, foi o que bateu o martelo. A bela Judith Jamison (procure no Google) apresentou uma peça chamada *Cry*. Eu nunca tinha visto nada parecido – uma escultural mulher afro-americana, vestida de branco, dançando o pesar e o triunfo. Isso me mudou para sempre.

Na faculdade, só consegui ter boas notas nas matérias em que tinha de ler coisas boas e escrever sobre elas. Um boletim que encontrei recentemente prova esse fato: Ficção em filmes: nota A; Biologia: F. Depois da faculdade, minha mãe me presenteou com um formulário de inscrição no concurso para servidor na prefeitura de Richmond. Se na época eu soubesse sobre a avaliação de força muscular, estou certa de que uma leve pressão sobre a mão que segurava o formulário teria demonstrado força zero. Sem saber de que forma meus interesses e talentos poderiam levar a qualquer profissão relevante, decidi seguir em frente explorando coisas de que eu gostava. Eu gostava de comida e de pessoas, o que me levou a uma série de trabalhos em restaurantes locais. Meu amor pelos livros me levou a trabalhar em uma livraria, uma biblioteca e, mais tarde, uma papelaria. Finalmente, participei de uma feira de empregos para trabalhos administrativos em teatro, em Nova Jersey, e consegui um trabalho preenchendo pedidos de donativo para o McCarter Theatre, em Princeton, Nova Jersey, e outro na bilheteria do Crossroads Theater, em New Brunswick, a dez minutos de trem dali.

Com o passar do tempo, minha capacidade de ler e analisar textos me abriu uma oportunidade como leitora não remunerada de roteiros para o Crossroads e, em seguida, a oferta para ser colaboradora literária e, por fim, gerente literária. Graças a isso, me tornei colaboradora de dramaturgista no Lincoln Center Theatre e me mudei para Nova York, ao que se seguiu o cobiçado cargo de diretora de desenvolvimento de peças no Joseph Papp Public Theater.

Agora estou na Walt Disney Imagineering e, depois de mais de uma década criando espetáculos em nossos parques e resorts, passei para uma função em que dou apoio ao trabalho dos talentosos criadores das nossas atrações e parques ao redor do mundo.

Talvez você nunca conheça a maioria deles, porque seu trabalho sai orgulhosamente sob um nome: Walt Disney.

Aqui está o que eu sei que eu sei:

- A exposição às artes visuais e ao espetáculo nos torna pessoas bem resolvidas e bem informadas.
- Não faça nada que o deixe triste ou sem entusiasmo, ou que sua intuição lhe diga que é uma má ideia.

- Continue seguindo em frente; quando uma porta se fecha, procure uma janela para escalar.
- Não deixe sua mãe decidir seu futuro – nem sempre ela sabe o que é melhor.
- Adote uma filosofia de vida. Use algo como guia; você vai precisar disso nos tempos difíceis. Eu tento seguir os Quatro Compromissos de Miguel Angel Ruiz:

  1. seja impecável com sua palavra;
  2. não leve nada para o lado pessoal;
  3. não faça suposições;
  4. faça sempre seu melhor.

* * *

Daniel Joseph é designer sênior de efeitos especiais e ilusionismo, um Imagineer desde que ganhou o primeiro lugar na competição ImagiNations de 2006. Nascido em Wilmington, Delaware, Joseph é formado pela University of the Arts, na Filadélfia. Seu projeto favorito é a Test Track da GM, "porque foi aí que comecei a trabalhar em um parque pelo qual tenho um imenso carinho (Epcot) e com uma equipe de pessoas maravilhosas que agora são meus amigos para toda a vida".

Trabalhar como designer de efeitos especiais e ilusionismo na Walt Disney Imagineering me deu uma perspectiva sobre a vida e sobre o que vejo diariamente, a qual, eu acho, é muito diferente da de qualquer um dos meus amigos ou familiares. Eu cresci vendo as coisas de um jeito muito diferente de todos ao meu redor: meu irmão, meu melhor amigo, até mesmo meus pais. Eu pensava que era uma deficiência; onde eu via um monte de linhas embaralhadas e um texto enigmático, meus colegas viam testes de gramática e leituras de lição de casa. Eu logo descobri que tinha o que era chamado de "dificuldades de aprendizagem". Devia ser por isso que não conseguia ler tão bem ou tão rápido quanto todos ao meu redor! Eu me sentia muito inferior, e ler em voz alta na sala de aula era o equivalente a um gigantesco bicho-papão. Eu entendi que precisava encontrar um escape para essa energia e frustração e comecei a desmontar coisas e a construir coisas novas com as peças. Desmontava tudo que podia. O controle remoto de uma TV antiga se tornava um farol de luz piscante para um elevador hidráulico em miniatura. O motor que movia o carrinho para cima e para baixo em uma corda veio – como não? – de um tambor para polimento de pedras. Um motor de ventilador com um funil velho e um pouco de fio de cobre descascado viraram um pisca-pisca! E isso não parou.

Comecei a apresentar esses mecanismos e invenções nas feiras da escola.

Logo notei uma expressão, que me era bem conhecida, no rosto dos meus amigos e professores quando eu mostrava e descrevia como aquelas coisas funcionavam. Eles diziam que eram coisas incríveis, mas também que não entendiam direito como eu as tinha feito ou como elas funcionavam. Percebi que a expressão no rosto deles era de perplexidade e constrangimento. Foi então que liguei os pontos: era o mesmo sentimento (e expressão) que me tomava quando eu tentava entender as aulas de gramática e leitura. Então eu me dei conta: havia mais deles que não entendiam meus mecanismos e invenções do que o único de mim que não entendia gramática e leitura. Isso significava que eu era estranho? Ou significava algo mais?

Depois de mostrar para mais e mais amigos e familiares as minhas criações, notei que pessoas passaram a me perguntar como se fazia determinada coisa, ou como algo funcionava. Foi aí que entendi que a minha "dificuldade" de aprendizagem era mais uma "diferença" de aprendizagem e também algo raro, e que pessoas estavam interessadas nisso! Aprendi, com muito trabalho, que era capaz de aprender gramática, leitura e até matemática como todo mundo. Também aprendi que tenho em mim algo que outras pessoas não têm naturalmente. Algo a ser valorizado e alimentado: o dom da curiosidade interminável, que sempre leva a uma coisa – criação.

* * *

Michael Jung, vice-presidente de desenvolvimento teatral da WDI Creative Entertainment, nasceu em Detroit, Michigan, e obteve o bacharelado em belas artes, história da arte e teatro no Macalester College e o mestrado em belas artes em direção teatral no CalArts. Seus catorze anos na Imagineering incluíram "tantos projetos incríveis – mas alguns de meus favoritos foram os dos musicais originais para Procurando Nemo, Aladdin e O Rei Leão", criados para os parques.

Quase oito anos atrás, tive a honra de ser convidado por Marty Sklar para participar de um painel de ex-alunos do CalArts que trabalhavam na WDI. Fiquei surpreso com o fato de este painel ter sido o primeiro passo para se estabelecer uma relação mais profunda entre a Imagineering e o CalArts, especialmente porque o CalArts foi fundado à imagem da WED Enterprises, famoso *think tank* de Walt integrado por artistas e designers criativos. A partir daquele momento, fiquei encantado com a ideia de fomentar uma conectividade mais profunda entre o instituto e a Imagineering. Fiquei especialmente inspirado pelo trabalho que o Imagineer Bruce Vaughn estava fazendo com a UCLA, onde ele ministrava um seminário, sugerindo que a WDI considerasse um programa similar com o CalArts. Começamos por convidar o corpo docente a visitar nossas instalações e se reunir com alguns de nossos líderes em criação. Isso nos fez lembrar das palavras de Walt ao descrever sua visão do CalArts: "O que os jovens artistas precisam é de uma escola onde possam aprender uma variedade de habilidades, um lugar onde haja 'polinização cruzada'".

Esse fascinante legado serviu de base para o futuro. Estabeleceu-se um dia anual da WDI no CalArts, no qual Imagineers de uma variedade de disciplinas compartilham suas experiências e seu trajeto até a WDI. Também demos início a um currículo básico com aulas de Experiência e Criação Temáticas e Imersivas com diversos professores e instrutores talentosos.

Talvez não seja surpresa que o ato de ensinar não foi apenas uma maravilhosa oportunidade de compartilhar ensinamentos, mas tem sido uma verdadeira aula magistral. Quando os alunos em começo de carreira me pedem conselhos, lembro-me de minha própria jornada e, mais uma vez, das palavras de Walt Disney: "Se você se mantiver ocupado, seu trabalho poderá levá-lo a caminhos que você talvez não espere. Eu sempre me lancei em buscas sem saber aonde elas levariam".

Permaneça aberto a novas experiências e escolha o caminho que oferecer o maior desafio e oportunidade de crescimento.

* * *

Nascido em La Union, uma província ao norte de Manila, capital das Filipinas, **Abe Quibin** estudou na Universidade de Santo Tomás, construída pelos espanhóis em 1611. Atualmente diretor de arquitetura conceitual e agora estabelecido em Xangai, ele é um Imagineer há mais de quarenta anos. Considera o DisneySea de Tóquio seu projeto favorito porque "tive o privilégio de contribuir nas três áreas do parque e também tive a sorte de trabalhar com os construtores japoneses".

Poucas pessoas têm a sorte de realizar seus sonhos. Eu me senti muito feliz quando a WED me contratou, na Flórida, em 1973. Naquela época, pensei: "Como um jovem das Filipinas pode ter a chance de trabalhar na mundialmente famosa empresa de entretenimento chamada Disney?". Só posso dizer que tem sido um prazer estar envolvido no projeto de oito parques temáticos e resorts em todo o mundo e com as mentes mais brilhantes da indústria. Foi tão divertido que não percebi que mais de quarenta anos se passaram.

No correr dos anos, por meio do programa de estágios da WDI, tive o privilégio de ajudar estudantes de arquitetura de diferentes universidades do país a aprenderem sobre criação de parques temáticos e resorts. Somos guiados pelos Dez Mandamentos de Marty, também conhecidos como Dez Mandamentos da Disney. Alguns daqueles estudantes voltaram depois de formados e se tornaram arquitetos, designers e executivos de projeto dentro da Disney. A maioria foi bem-sucedida por sua dedicação, trabalho duro e realizações criativas. A melhor recompensa é quando você vê algo que criou no papel virar realidade, especialmente quando você está lá ajudando a construí-lo.

Atualmente estou na China trabalhando na minha quarta missão no exterior, o Treasure Cove do Shanghai Disney Resort. Comigo neste projeto, estão jovens e brilhantes arquitetos, que continuarão a tradição da Disney no futuro. Eu vejo seu grande entusiasmo e ímpeto para fazer deste projeto um sucesso, assim como aconteceu no passado. Todos parecem estar à altura da tarefa e dos desafios que vêm com a língua e a cultura desconhecidas.

Sou eternamente grato pela chance e pela confiança que me foram dadas pela WDI e sempre terei em alta conta as amizades com todos os meus colegas desta grande empresa.

* * *

Um verdadeiro nova-iorquino entre os Imagineers, **Lanny Smoot** nasceu no Brooklyn e frequentou a Columbia University, na cidade, onde obteve o bacharelado em engenharia elétrica, em 1977, e o mestrado em engenharia elétrica, em 1998. Hoje, Lanny é um Disney Research Fellow – o mais alto nível de realização técnica na hierarquia da Disney Research. Seu projeto favorito foi fazer "Leota levitar": fazer a cabeça de Madame Leota "escapar" da prisão e "voar" pela sala de contato com os espíritos, na Haunted Mansion.

Crescer

Um jovem que cresce com um forte interesse pela ciência (ou por qualquer outro campo "especializado") muitas vezes sente como se não houvesse ninguém no mundo que gosta do que ele gosta, ou faz o que ele faz. Sem internet, e com a *Enciclopédia Britânica* (se você tivesse condição de comprá-la) sendo a última palavra em "acesso instantâneo à informação", as coisas demoram um pouco mais! Por outro lado, a falta de respostas fáceis pode incentivar o desejo de conhecimento e a experimentação prática.

No caso de florescentes engenheiros eletrônicos, nós somos aqueles que pegam rádios e televisores antigos (para transformá-los em novos aparelhos). Somos aqueles cujos quartos parecem mais uma oficina de televisões antigas do que um lugar para dormir. Passamos tempo na biblioteca local tentando satisfazer o desejo de saber mais sobre nossos interesses. Na escola, levantamos constantemente a mão para responder as perguntas sobre ciência (ao passo que as demais crianças estão mais interessadas em jogos ou esportes). Conforme ficamos mais velhos, começamos a nos perguntar se vamos conhecer pessoas que fazem o que fazemos e gostam do que gostamos. Não fazemos ideia de que alguém possa ganhar a vida fazendo algo que parece tão divertido!

Ensino básico

Sempre me interessei pela ciência. Por um tempo, vagueei pela física, e então fiz um breve desvio para a química, motivado por um conjunto de química que ganhei de um amigo da família; no entanto, achei química um pouco limitante (e caótica!).

Eu me interessei por microscopia (mais uma vez depois de receber um presente: um *kit* de microscópio) e por astronomia (troquei uma bicicleta velha por um telescópio ainda mais velho). Foi com esse telescópio, quando eu tinha 12 ou 13 anos, que vi pela primeira vez os anéis de Saturno, uma experiência que ninguém jamais esquece. (Se não me engano, foi ela que lançou Isaac Asimov no interesse em astronomia, ciência e ficção científica, que durou a vida toda.)

Havia, porém, um interesse que sempre cresceu e permeou a maior parte de minha vida: um amor verdadeiro por fenômenos elétricos e eletrônicos.

Ensino médio/faculdade

Depois que me formei em segundo lugar no ginásio, me disseram que eu deveria tentar entrar no Brooklyn Tech (escola especializada em ciência no Brooklyn, Nova York). Foi o que fiz, e me saí bem: acabei conseguindo uma bolsa para a Columbia University, onde estudei para me tornar engenheiro elétrico, com diplomas de bacharel e de mestrado em engenharia elétrica. A bolsa também me valeu um estágio no Bell Telephone Laboratories, ou Bell Labs. Lá, comecei uma carreira com invenções, criando várias patentes e projetando equipamentos de telecomunicações de primeira linha, até finalmente me tornar supervisor de engenharia. Curiosamente, o que realmente me ajudou foi o conhecimento que eu tinha adquirido com todos aqueles mecanismos e protótipos improvisados que construía quando jovem.

Mais tarde (com o desmembramento do sistema Bell, em 1984), me mudei do Bell Labs para a Bell Communications Research, ou Bellcore, que basicamente inspecionava toda a rede de telecomunicações dos EUA. Eu me diverti muito lá, e criei muitas ideias novas e um monte de patentes (27 ao fim do meu tempo na Bell).

Tornei-me diretor executivo da Bellcore e criei um aparelho chamado Electronic Panning Camera. Esse aparelho levou a uma entrevista com a Disney, onde, com muita felicidade, trabalho há mais de quinze anos. Gosto da minha carreira aqui e atualmente sou o único Disney Research Fellow. Tive a felicidade de contribuir com várias tecnologias para inúmeras atrações nos parques temáticos e de ter aumentado o meu portfólio de patentes em cerca de trinta invenções. Também tive a sorte de continuar fazendo o que amo fazer. Eu sei que meu pai ficaria orgulhoso se ainda estivesse por aqui!

* * *

Eddie Sotto criou projetos para a Disney Parks and Resorts durante treze anos, antes de abrir a própria empresa – a SottoStudios. Sua abordagem tipo "showbiz" é especialmente notável – ele nasceu em Hollywood e foi inspirado por sua tia, a designer de roupas para filmes e parques temáticos Marilyn Sotto-Erdmann, e orientado por Herb Ryman e outros Disney Legends. Eddie está especialmente orgulhoso do Pooh's Hunny Hunt na Disneylândia de Tóquio porque "foi o primeiro *dark ride* sem trilhos, com veículos que interagem uns com os outros". A tecnologia preparou o caminho para a Mystic Manor da Disneylândia de Hong Kong e outras atrações e-ticket. Eddie diz que está animado para ver a Disney continuar "indo a lugares a que nenhum rato foi antes!".

Certa vez, meu pai disse que "brincar é um trabalho que você gosta de fazer". Descobri que a primeira utilidade da criatividade é encontrar algo para apreciar no que quer que você esteja fazendo. Raramente temos a oportunidade de trabalhar com "obras-primas"; enquanto uma não aparece, aprimoramos nossas habilidades.

Você usa seu processo criativo para solucionar problemas de maneiras novas. Ser pago para aprender, não importa o que esteja fazendo, faz com que você fique satisfeito e se desafie. Passar seis anos projetando uma Main Street (na Disneylândia de Paris) que já tinha sido feita em outro lugar foi criativamente deprimente às vezes. Para se desenvolver criativamente, você precisa garimpar o que poderia ser reinventado, questionar o *status quo*. Eu queria projetar atrações de passeio, mas, em vez disso, me convenci, com razão, de que a Main Street era o melhor centro de restaurantes e varejo e, aprendendo todos os aspectos do design de varejo e de restaurantes, eu dominaria uma habilidade muito valiosa para usar mais tarde. E, com as voltas que a vida dá, essa experiência foi aproveitada na concepção de restaurantes e lojas de sucesso depois que deixei a Disney. Tudo isso foi possível graças à atitude mental de transformar o trabalho potencialmente secundário de uma Main Street em uma oportunidade de "brincar".

* * *

Mickey Steinberg era um executivo estabelecido e reconhecido quando se juntou à Imagineering, em 1988, como vice-presidente executivo e diretor operacional. Nascido em Augusta, Geórgia, e tendo os diplomas de bacharel em ciências e em arquitetura pelo Georgia Tech, e de mestre em arquitetura pelo MIT, passou 27 anos administrando uma das maiores empresas de arquitetura, planejamento e desenvolvimento de Atlanta, The Portman Companies, antes de se tornar um Imagineer. Sua experiência favorita durante seus seis anos na Disney? Reorganizar a "Imagineering para colocar as pessoas certas em posições de liderança em todos os níveis, capacitando-as para tomar decisões e trabalhando com elas para criar projetos incríveis a tempo e dentro do orçamento".

Quando eu tinha 11 anos, contraí poliomielite e passei quase um ano no Warm Springs Center, na Geórgia, em reabilitação. Tínhamos muito tempo livre, e eu, junto com alguns outros pacientes jovens, passávamos todo o tempo que podíamos perto dos canteiros de obras onde novos edifícios estavam sendo construídos. Notamos que o responsável era o arquiteto que visitava o lugar uma vez por semana. Ele nos deixava ficar lá e explicava o que estava acontecendo.

Ele acreditava que, se se criassem prédios leves e alegres nos quais nós, os pacientes, vivêssemos e fôssemos tratados, nossas chances de recuperação seriam muito maiores. Explicou que, para ele, um ambiente alegre era a ferramenta mais eficaz para garantir a recuperação. Para um garoto, isso era difícil de entender, mas, quando fui transferido para um dormitório recém-inaugurado, fiquei muito mais feliz e entusiasmado com o tratamento e me recuperei. Foi então que decidi que queria ser arquiteto e criar lugares fantásticos que afetariam a vida das pessoas.

No ensino médio, fiz cursos de desenho arquitetônico e trabalhei para um arquiteto no meu tempo livre. Comecei limpando o escritório e cuidando dos materiais, e, quando me formei, já estava trabalhando em projetos de construção de residências. Os arquitetos do escritório discutiam os espaços que estavam criando e como as pessoas reagiriam a eles, e foi interessante ver que algumas de nossas casas realmente afetavam as pessoas da maneira que eles haviam discutido.

Fui para o Georgia Tech e estudei arquitetura e, depois da formatura, passei quatro anos no Exército. Quando deixei o serviço militar, voltei para a escola e fiz pós-graduação em arquitetura e engenharia estrutural no Georgia Tech e no MIT.

Depois de alguns anos, finalmente convenci John Portman, membro do American Institute of Architects e um jovem arquiteto que, na minha opinião, estava construindo ótimos edifícios, a me contratar. Ele era um rebelde que havia concluído que, para criar edifícios realmente maravilhosos, com espaços inovadores, teria de desenvolvê-los ele mesmo, já que os proprietários de construtoras não queriam se arriscar em projetos com ideias novas. Portman constantemente explicava que estava criando prédios para as pessoas que os usavam, e não para críticos de arquitetura. Com o passar do tempo, nossos projetos, embora às vezes controversos, foram reconhecidos por seus espaços inovadores, e as pessoas respondiam positivamente a eles.

Trabalhei com Portman durante 27 anos, e nesse tempo desenhei e desenvolvi projetos em várias partes do mundo. Sentíamos que estávamos afetando a vida das pessoas com os nossos projetos. Naquela época, eu tinha me tornado uma das pessoas-chave das The Portman Companies e era quem ficava nos locais de construção chefiando o esforço para melhorar a vida das pessoas através daquilo que estávamos construindo.

Eu vivia em Atlanta e visitei o Walt Disney World muitas vezes no decorrer dos anos.

Meus filhos reagiam ao Walt Disney World como se estivessem realmente vivenciando os mundos que os Imagineers criaram. Minha cunhada nunca se fartava de ir ao Epcot, já que, nas suas palavras, como não podia viajar pelo mundo, sentia como se tivesse realmente vivenciado esses lugares maravilhosos ao passar algum tempo no World Showcase. Eu acreditava que ninguém superava os Imagineers na criação de lugares que afetassem a vida das pessoas e seu bem-estar através do uso da imaginação e da criatividade.

Em 1988, aceitei a oportunidade de me juntar aos Imagineers em uma posição de liderança. Entrei então para o grupo mais minucioso e versátil, formado por pessoas que criavam projetos de enorme impacto na imaginação e nas atitudes de quem os vivenciava. Aprendi com os Imagineers uma nova expressão que incorporava o que aquele primeiro arquiteto estava tentando mostrar. A expressão era "suspensão da descrença". Isso significava que, para o arquiteto, os espaços que ele criou nos ajudaram a acreditar que poderíamos ficar bem, embora a crença geral da época fosse que ninguém superava a poliomielite; no entanto, se pudéssemos ser influenciados a suspender a descrença, ainda que por pouco tempo, e a acreditar que nos recuperaríamos, nossas crenças teriam um grande impacto sobre nós.

Ninguém cria espaços que "suspendem a descrença" melhor do que os Imagineers. Por um curto período, as crianças realmente acreditam que estão em uma terra mágica, ainda que saibam estar na Flórida. Por um curto período, minha cunhada acreditava estar em Paris mesmo sabendo estar na Flórida. As pessoas dentro dos edifícios Portman acreditavam estar em algum lugar especial, mesmo sabendo estar em Atlanta ou Nova York ou onde quer que fosse.

Trabalhar com pessoas que criam esses lugares, os quais afetam a vida das pessoas, mesmo por um curto período, é emocionante e uma experiência maravilhosa. Os Imagineers suspendem a descrença enquanto estão de fato trabalhando e creem estar se divertindo imaginando, junto com as pessoas mais talentosas do mundo, a criação de lugares mágicos para todos aproveitarem.

* * *

Dorisz Tatar nasceu em Budapeste, Hungria. Ela estudou design cênico na Kennesaw State University, Geórgia, e fez mestrado de belas artes em pintura cênica no Cal Arts. Como colaboradora de designer dimensional com dois anos de experiência na Imagineering (um deles como estagiária), seu projeto favorito foi "pintar a maquete da Disneylândia de Xangai. Percebi quantas disciplinas têm de trabalhar em conjunto para trazer à vida uma história tão grande e criar magia. Isso é a Imagineering".

Minha paixão é contar histórias, e a cor é um dos elementos visuais mais poderosos no desenvolvimento narrativo. A cor me faz feliz. É simples assim. Compartilhar minha paixão durante uma exposição do Cal-Arts na Imagineering me levou a um estágio e, mais tarde, a me tornar uma Imagineer em tempo integral.

O caminho não foi fácil. Quando eu estudava para meu mestrado em belas artes, algumas pessoas eram muito céticas. Achavam que era uma má ideia e que nunca resultaria em um trabalho decente, pelo menos não um com o qual eu pudesse ganhar a vida.

Mas estavam todos errados. E você sabe o que é o mais engraçado? Eu sabia disso o tempo todo. Eu nunca lhes dei ouvidos; suas críticas nunca me derrubaram, porque eu acreditava na minha paixão.

Para todos vocês, sonhadores artísticos espalhados por aí, seguem algumas lições úteis que aprendi pelo caminho. Eu espero que, para vocês, o céu seja o limite!

1. Nunca aceite um não como resposta.

2. Não desanime. As pessoas são rejeitadas muitas vezes antes de conseguir sua grande chance. Ser recusado apenas significa que não era o seu momento. Dê a volta por cima – e acredite em si mesmo.
3. Quando estiver em uma entrevista, não diga apenas o que acha que eles querem ouvir. Fale sobre o que você ama fazer e o que o faz feliz.
4. Quando está realmente apaixonado por algo, você irradia isso. Outros notarão, e o seu trabalho falará por si.

* * *

Bob Weis, vice-presidente executivo e chefe de portfólio criativo do projeto Shanghai Disney Resort, passou 25 anos na Imagineering criando atrações e ambientes de Tóquio a Orlando (ele dirigiu o desenvolvimento do Disney's Hollywood Studios). Nascido em Pomona, Califórnia, Bob se formou em arquitetura na Cal Poly Pomona. Em resposta à pergunta sobre o projeto favorito, ele respondeu: "Isso é difícil, pois tive sorte de trabalhar em muitos trabalhos fascinantes. Agora estou trabalhando no que será apenas o sexto 'parque-castelo' da história da Disney. Para um Imagineer, chefiar uma 'Disneylândia' e ter a oportunidade de reinventá-la em um lugar dinâmico como a China... acho que é difícil superar isso. O significado histórico e cultural é bem incrível".

Trabalhei durante um verão na Disneylândia, em 1976. Lá, adquiri um sentimento de orgulho em ser parte da Disney e aprendi muito caminhando pela Disneylândia e vendo como tudo funcionava. Eu também ouvi falar de um misterioso grupo de elite chamado WED (que mais tarde se tornou a Walt Disney Imagineering).

Depois que aquele emprego de verão acabou, não ouvi mais nada sobre a WED até terminar meu trabalho de conclusão de curso – uma tese conjunta de teatro e arquitetura. A WED tinha aparecido na Cal

Poly para recrutar, e eu me encontrei com um representante quase por acidente.

Quando vi a WED, concluí que lá era o único lugar para mim – um grupo heterogêneo de artistas e designers trabalhando em um monte de armazéns cheios de modelos e maquetes. Admito que tive muita sorte em ser contratado logo depois da faculdade. No começo, eu trabalharia como coordenador, não como designer do que quer que fosse, em um projeto "avançado", o primeiro parque no exterior, a Disneylândia de Tóquio.

Eu me concentrei em tentar aprender tudo o que pudesse sobre os processos da Imagineering e em conhecer tantas pessoas talentosas quanto possível. E esse é o conselho que dou a cada Imagineer. A Imagineering é como uma universidade compacta. Está cheia de pessoas interessantes e departamentos estranhos. Quanto mais você aprender sobre todos eles, mais terá chance de inovar e se destacar. Mais tarde, o conhecimento adquirido vagando pelos corredores me ajudou a chefiar o design no Disney's Hollywood Studios, o conceito para o DisneySea de Tóquio e o primeiro parque da Disney em Xangai.

Minha experiência em outros países me ensinou que a Imagineering também se enriquece por estar aberta ao exterior. Ficar de olhos abertos para tudo que está acontecendo – dentro e fora da Disney – é fundamental. Walt era um grande assimilador; ele viajava e trazia diversas mentes para pensar sobre ideias.

Você não precisa estar na Imagineering para fazer isso; em qualquer lugar, há artistas, laboratórios, inventores de engenhocas e novos e interessantes projetos para visitar e experimentar. Registre-os no seu caderno de anotações ou de esboços e pense em como esse material pode ser aplicado em ideias futuras.

Acredito muito que tudo que é ótimo precisa de muitas mãos para ser feito. Portanto, construa uma rede de relações ampla e diversificada, dentro e fora. Quando chegar a hora de fazer o impossível, você ficará feliz por ter tantas mentes loucas a seu lado.

A minha citação favorita:

Q: Quantos Imagineers são necessários para trocar uma lâmpada?
R: Por que tem que ser uma lâmpada?

* * *

Coulter Winn, um executivo de arquitetura, nasceu em Norfolk, Virgínia, e frequentou a University of California em Berkeley. Nos seus mais de 25 anos na Imagineering, desenvolveu projetos icônicos, que incluem a Tower of Terror da Disneylândia de Paris, a estação de trem Penny's Bay da Disneylândia de Hong Kong, a American Waterfront no DisneySea de Tóquio e o Sunset Boulevard no Disney's Hollywood Studios, no Walt Disney World. O seu projeto mais recente é o ponto central do Shanghai Disneyland Park, o Enchanted Storybook Castle. Antes, seu favorito era a Buena Vista Street na Disney California Adventure, porque "transformou, com sucesso, a entrada do parque em um ambiente divertido e imersivo que relacionava a história do parque com a história da vida de Walt Disney".

No dia 5 de novembro de 1990, eu me encontrei na cafeteria Big D da Imagineering com vinte outros "novos Imagineers" para conhecer Marty Sklar e John Hench. Hench perguntou se havia algum arquiteto no grupo. Eu levantei a mão. John então me perguntou se eu sabia quais eram os quatro níveis de detalhe da Walt Disney. Eu disse que não, ao que ele me falou: "O nível um de detalhe é quando você está no campo e vê o campanário da igreja em destaque, acima das árvores. O nível dois de detalhe é quando você entra na cidade e olha a rua; você enxerga a rua, a ilha da rua, as entradas de carros das casas, as calçadas e as árvores. O nível três de detalhe é quando você está olhando para uma das casas da calçada; você vê as características da casa, paredes, telhado, janelas, acabamentos, portas. O nível quatro de detalhe é quando você, depois de andar até a porta da frente e segurar a aldrava, vê os ornamentos desta e sente sua temperatura e seu peso ao bater na porta... A maioria dos arquitetos é muito boa em chegar ao nível três, mas, aqui na Disney, sempre devemos chegar ao nível quatro de detalhe, para mantermos nossos ambientes imersivos, corroborantes com as histórias que criamos".

Eu provei a veracidade desse conselho em cada um dos projetos em que trabalhei.

Sugestões para um potencial arquiteto da Imagineering... Esboce e rabisque, anote as coisas de que gosta – a forma de uma chaminé ou algum formato agradável. Por que você gosta disso? E as coisas de que você não gosta, que o incomodam? Você não tem que ser um crítico de fato; apenas pense sobre essas coisas. Fazer um esboço ou uma pintura no campo é uma ótima maneira de pensar nas coisas, uma vez que você realmente tem que examinar o tema que tem em mãos. É aí que eu realmente começo a analisar. Geralmente, esboçamos as coisas de que gostamos... E as coisas de que você não gosta? Aquele beco ou poste de luz feio – você consegue deixá-lo mais bonito no desenho? O que você fez com ele nesse processo? São brincadeiras como essa que vão ajudá-lo a desenvolver a sensibilidade para a sua arte, o que é importante na WDI. Estude proporção e teoria da composição também. Há uma variedade de livros sobre isso.

Muitos estudantes querem vir para a WDI direto da escola. Eu não fiz isso e recomendo aos outros que também não façam. O que fazemos aqui é especializado. A experiência em uma prática mais ampla pode ser muito benéfica e fazer de você um profissional mais valioso quando entrar para a Imagineering.

* * *

Doris Hardoon Woodward nasceu e cresceu em Hong Kong – seus pais são de Xangai e se mudaram para Hong Kong em 1949. Depois de se formar com honras em belas artes com especialização em ilustração no California College of the Arts em Oakland, ela chegou à Imagineering em 1979 para trabalhar no pavilhão The Land do Epcot. Doris é agora a diretora sênior/produtora executiva do Shanghai Disney Resort (o que prova que você pode voltar para casa!). Seu projeto favorito: uma versão não realizada da West Coast do Epcot para Anaheim, chamada Westcot, "pela história, riqueza, diversidade, textura, conceitos inéditos, conteúdo internacional e a incrível equipe que acreditava nesses conceitos – tivemos um tempo fantástico trabalhando juntos!". O conselho de Doris vem em seis pontos:

- Passe adiante o segredo – TUDO COMEÇA COM UMA HISTÓRIA!
- Agarre-se à sua paixão.
- Mantenha a confiança em suas esperanças e sonhos.
- Não deixe que os outros o afastem de suas responsabilidades e visão.
- Se ainda estiver estudando, faça o máximo de estágios possível.
- "O primeiro passo é o mais difícil, e, se a oportunidade não bater, construa uma porta!"

* * *

Susan Zavala, outra nativa do sul da Califórnia, nascida em Glendale, frequentou o Glendale Community College, o Pasadena City College, o Valencia Community College e o Art Center College of Design, em Pasadena. Com 25 anos de experiência em diferentes tarefas na Imagineering, Susan agora é uma especialista em design asset – isto é, ela é parte de uma equipe que ajuda a encontrar e instalar novos sistemas e processos digitais. A sua mais recente tarefa é também a sua favorita: "As coisas que estamos fazendo com novas tecnologias vão ajudar todos os Imagineers diariamente a trabalhar de forma mais eficiente e colaborativa".

Eu passeei pela primeira vez pelo mundo mágico da Disney e da Imagineering em 1988, durante um trabalho temporário. Eu trazia comigo meu talento criativo bruto, um imenso desejo de aprender, um entusiasmo enorme e uma vontade de continuar o aprendizado. Após um tempo muito curto, fui contratada e colocada em um departamento que prestava apoio, nos bastidores, aos artistas e a uma divisão criativa, com suas apresentações ao vivo na empresa e pelo mundo.

Dei continuidade à minha educação com foco em arte, negócios e, mais tarde, tecnologia de computadores; mudei de curso algumas vezes e frequentei faculdades na Califórnia e em Orlando, quando morei lá, já como Imagineer, por mais de cinco anos após o período inicial de seis anos na Califórnia.

Estou de volta à Califórnia desde 2000, e no decorrer dos anos minha carreira tomou os rumos mais maravilhosos, inesperados, naturais, criativos, desafiadores, excitantes e originais. Meu título mudou muitas vezes ao longo dos anos, e eu ajudei, criei, produzi, inovei, diverti, sonhei, encorajei e apreciei, muitas vezes num mesmo dia.

Se você tem um sonho firme pelo qual está batalhando atualmente ou está apenas se perguntando o que, neste mundão, mais o encanta, posso compartilhar o que aprendi com a minha experiência: não se surpreenda se aquilo pelo qual você está batalhando tomar uma forma diferente do que imaginou inicialmente. As recompensas podem ser as mesmas: trabalho em equipe, *brainstorm*, inovação, criação, diversão... A única coisa é que o ambiente pode ser novo e inesperado para você.

A mudança é uma constante e pode ser uma das experiências mais estimulantes da vida. Walt Disney teria sido o primeiro a aconselhar: "Seja curioso sobre tudo...". Portanto, sempre faça perguntas. Experimente e olhe para o comum e para o familiar de maneiras novas, inovadoras e inventivas. Procure o que há de melhor nas pessoas e esteja disposto a participar de muitas equipes. Nunca desista de si mesmo e vá com calma se você for impaciente. Nunca pare de aprender e tenha uma boa atitude enquanto está aprendendo. Mantenha com você seus cadernos de anotações e blocos de desenho e lembre-se do quão criativo e brilhante você é (porque é!). Acima de tudo, não se esqueça de se divertir e, se achar que está diante de uma barreira, por favor, saiba que existem múltiplas soluções para qualquer problema; talvez o mundo esteja apenas esperando que você invente algo inteiramente novo!

Que os seus sonhos se tornem realidade, que chovam milagres inesperados na sua jornada e que a sua vida seja melhor do que você imagina!

* * *

Ao iniciar este projeto, meses atrás, era a minha esperança torná-lo muito mais do que uma carta de Marty sobre os segredos dos Imagineers. Nas páginas anteriores, você viu que as minhas esperanças e sonhos se realizaram graças à participação de 75 Imagineers.

Sabendo que eles são muito ocupados com projetos novos e antigos em todas as partes do mundo – não apenas na terra, mas também no mar, não apenas com parques temáticos e resorts, mas também com apoio técnico, de pesquisa e de desenvolvimento para outras partes da Disney –, eu hesitei em pedir aos dois "chefes" dos Imagineers que entrassem na brincadeira. Mas acabei pedindo – quando a brincadeira já estava bem avançada –, e ambos responderam: "Queremos participar também!".

Para concluir esta seção, aqui estão os pensamentos e as experiências dos líderes da Imagineering:

* * *

Craig Russell é Imagineer há mais de trinta anos e possui diploma em engenharia pela UCLA. Nascido em Lancaster, Califórnia, é responsável pelo projeto de todas as plantas de construção e também por sua construção – por isso, o título: chefe de projeto e executivo de entrega de projeto.

Seus projetos favoritos: os dois parques de Tóquio (Disneylândia e DisneySea). Craig é um líder em serviço comunitário; trabalhou como voluntário na Habitat for Humanity, no sul da Califórnia.

Conselhos para um aspirante a Imagineer

Conselhos que gosto de dar àqueles que acreditam que querem ser Imagineers:

- Não há um currículo específico ou uma lista de graduações que prepare alguém exclusivamente para a Imagineering. Somos uma ampla, diversificada coleção de talentos artísticos, técnicos e de gestão – criadores e técnicos de teatro, arquitetos, artistas plásticos, engenheiros, cientistas, construtores e gerentes que, juntos, criam experiências incríveis.
- Todos os nossos talentos e tudo o que fazemos estão a serviço das histórias. Somos um estúdio dirigido à criatividade, onde a melhor ideia vai se desenvolver.
- A Imagineering é, no fundo, um esporte de equipe que requer muita colaboração. Na maioria das vezes, aqueles que buscam a contribuição individual ou o crédito individual se frustram em nosso estúdio. Já os Imagineers que fazem os seus pares terem sucesso frequentemente prosperam.
- Os Imagineers somos professores com uma profunda compreensão de que não podemos realizar sozinhos nossos espetaculares projetos. Também possuímos o ímpeto de fazer evoluir nossos projetos para que permaneçam relevantes, e de fazer evoluir a forma como realizamos esses projetos, para que o nosso impacto global seja maximizado.
- Os Imagineers não se contentam com nada menos do que a excelência. Este não é um estúdio para pessoas interessadas em um

trabalho fácil; é um lugar onde a paixão e a excelência resultam em realizações extraordinárias.

Acima de tudo, a Imagineering é um lugar para aqueles que querem dedicar sua energia a criar felicidade para centenas de milhões de pessoas ao redor do mundo. Na Imagineering, temos uma simples convicção: pessoas felizes fazem do mundo um lugar melhor. Temos o privilégio e a responsabilidade de criar felicidade em uma escala global. Uma carreira aqui está longe de ser o trabalho mais fácil que você pode encontrar, mas será, sem dúvida, uma das coisas mais desafiadoras e gratificantes a que você pode se dedicar.

* * *

Bruce Vaughn tornou-se o chefe executivo de criação da Imagineering (meu trabalho por trinta anos!) em 2007. Nascido em uma cidade "impregnada da tradição literária" – Sag Harbor, Nova York –, Bruce se formou em belas artes pela Colgate University e começou a estudar para ser advogado antes de "encontrar sua verdadeira paixão, na indústria do entretenimento". Seu projeto favorito na Imagineering? "Aquele em que estou trabalhando, é claro! Se eu tiver de escolher um, são os navios da Disney Cruise Line, o *Dream* e o *Fantasy*. Para mim, nenhum projeto incorpora todos os aspectos do que a Imagineering faz de forma mais integrada. As cabines, os restaurantes, as piscinas, os espetáculos ao vivo, os produtos, os clubes infantis e as atividades no convés se relacionam uns com os outros como em nenhum outro parque ou experiência que já criamos. Nós chegamos até mesmo a projetar os alojamentos e as áreas de estar da tripulação, uma vez que nossa equipe é o único elenco que vive conosco! Estes navios têm mais de 300 metros de comprimento, pesam 140 mil toneladas e acomodam mais de 5 mil convidados e tripulantes. E são lindos, extravagantes e divertidos! Não poderiam ser mais Disney."

"Imagineering? Essa palavra nem existe!"

A representante de recursos humanos da Disney ficou perplexa com a minha reação após ter me dito o nome da organização que havia adquirido a pequena empresa de efeitos visuais para a qual eu trabalhava em 1993.

"Você é um Imagineer agora!"

O entusiasmo dela indicava que eu deveria estar muito animado e honrado com o novo emprego. Eu não fazia ideia. Ao contrário de muitos Imagineers que eu viria a conhecer e com quem viria a trabalhar nos vinte anos seguintes, eu nunca tinha ouvido falar em Imagineering. De fato, quando, na minha primeira semana de trabalho, me perguntaram qual era a minha atração favorita, respondi sinceramente que nunca tinha ido a um parque Disney – cresci em Nova York; nossas viagens em família eram para campos de batalha da Guerra Civil e museus ou para visitar a família. Eu imediatamente me vi dentro de um avião com destino a Orlando, com uma longa lista de atrações e apresentações em mãos.

Essa primeira visita ao Walt Disney World foi realmente reveladora. Verdade, foi um pouco estranho estar sozinho em um local projetado para experiências em grupo, mas as dimensões, a atenção aos detalhes e a natureza épica do lugar me mostraram o quanto eu era pequeno. Naquela noite, liguei para meus pais e disse: "Vocês foram os pais quase perfeitos. Se tivessem me levado para conhecer o Peter Pan quando eu tinha 9 anos, teriam ganhado o *status* definitivo de super-heróis!".

Voltei da viagem convicto do poder da criação e da nobreza que há em criar lugares que fazem as pessoas felizes. Também passei a estudar a Imagineering. Muito mais do que uma empresa, a Imagineering é uma cultura. Essa cultura nasceu do gênio de um inovador notável e de um grupo multidisciplinar de magos do entretenimento escolhidos a dedo.

Eles inventaram um processo de criação único, enraizado no otimismo, no espírito do "pode ser feito" e na crença de que não há pessoas más, de que todas compartilham o desejo de ser felizes e de que bons projetos trazem à tona o melhor delas. Seguimos humildemente os seus passos, aderindo ao processo e às crenças que eles estabeleceram mais de sessenta anos atrás.

Embora existam mais de 140 disciplinas na Imagineering, todos os Imagineers têm uma coisa em comum: amam o que fazem. Os Imagineers seguem seu coração. Eles não vão aos escritórios ou locais de construção simplesmente porque é o seu trabalho, a sua obrigação; fazem isso porque ser um Imagineer é a melhor maneira de colocar em prática a sua imaginação e criatividade. Os Imagineers são apaixonados.

Não existe um único trajeto para se tornar ou ser um Imagineer. Estudei literatura inglesa e artes plásticas na faculdade. O Imagineer que trabalha no escritório ao meu lado estudou engenharia mecânica, mas agora gerencia os diretores de criação e produtores. Durante anos, sentei ao lado do nosso cientista-chefe, que tem diploma em engenharia civil, doutorado em ciência ambiental, é fluente em francês e mandarim e toca violão. Minhas experiências como Imagineer incluíram trabalhar com as coisas as mais diversas: um curta-metragem para um pavilhão do Epcot, um dinossauro Audio-Animatronics andante chamado Lucky, o grupo de Pesquisa e Desenvolvimento e minha função atual, de diretor executivo de criação. Eu nunca poderia ter previsto nada disso. Acontece que estudar Shakespeare foi o caminho perfeito para me tornar o Imagineer que sou.

Os Imagineers são indivíduos multidimensionais que botam muitos recursos na mesa. O que eles estudaram na escola é apenas parte do valor que agregam. Igualmente importantes são sua diversidade de pensamento, seus hobbies e experiências fora do escritório. Os Imagineers amam a riqueza do mundo. Os Imagineers são exploradores fascinados pela variedade de culturas, pela vastidão da natureza e pela diversidade deste universo maravilhoso.

Os Imagineers são, ao mesmo tempo, especialistas em determinadas disciplinas e infinitamente curiosos sobre assuntos dos quais sabem pouco. Curiosidade, paixão e um senso de aventura e de admiração são atributos típicos dos Imagineers. Nunca deixamos de ser estudantes e nunca nos cansamos de aprender algo novo.

Quando me perguntam o que estudar para se tornar um Imagineer, a minha resposta é simples: estude o que desperta paixão em você. Viaje pelo mundo sempre que tiver a oportunidade. Pare e reflita sobre os lugares que você visita todos os dias. Mesmo as experiências mais banais são oportunidades de aprender. Em qualquer lugar a que você vá, pense em criar com o intuito de gerar felicidade e sonhe com maneiras de tornar as experiências cotidianas mais satisfatórias.

Muitas pessoas acham que os Imagineers são criadores de passeios de parques temáticos. Nós projetamos atrações, isso é verdade. Também projetamos espetáculos de teatro, shows, hotéis, navios de cruzeiro, mercados, restaurantes, banheiros, veículos, luminárias... o que você pensar, um Imagineer é capaz de projetar e provavelmente já projetou. Mas tudo isso está a serviço do nosso verdadeiro produto: a experiência do convidado.

Isso mesmo, os Imagineers projetam os lugares para que as pessoas tenham experiências felizes das quais se lembrarão com carinho por toda a vida. Como estudar para isso? Apenas siga o seu coração, seja curioso, sonhe e seja obcecado em transformar as coisas em realidade.

Ah, e nunca perca a ligação com a criança dentro de você. Ela é o melhor guia para transformar os seus sonhos em realidade. Siga o seu coração e, de alguma forma, de algum jeito, você vai conquistar a vida feliz que deseja. Se com tudo isso você continuar sonhando em ser um Imagineer, tenho certeza de que nos encontraremos em uma de nossas equipes para ajudar a fazer as pessoas felizes e, assim, tornar o mundo um lugar melhor.

A última palavra

Quando perguntei aos Imagineers se eles poderiam escrever "um parágrafo, vários parágrafos ou uma página toda – não mais que isso – sobre o que sabem hoje que vai ajudar os jovens que pensam em seguir carreira no campo de vocês", eu mal sabia que, para alguns, estava abrindo as comportas para lembranças e conselhos reprimidos. Para vários, isso significava mais de uma página. E de pelo menos um o que eu recebi foi uma tese de doutorado em projeto e criação de parque temático!

Ok, não é verdade – mas foi exatamente disso que acusei Kevin Rafferty quando recebi sua nota de sete páginas!

Nascido em Hollywood, Kevin se formou na California State University, Fullerton, com a ideia de se tornar animador. Mas, como você leu no item "Experiência em um parque Disney", sua carreira na Disney começou de forma pouco auspiciosa: como lavador de pratos no Plaza Inn da Disneylândia! Isso foi há quase quarenta anos.

Hoje – vários anos depois de ter liderado a criação de Cars Land e especialmente do Radiator Springs Racers, na Disney California Adventure –, Kevin é diretor executivo de criação do projeto e do desenvolvimento de um segundo parque em Hong Kong – tão secreto (o projeto leva o codinome "Projeto Feliz") que ainda não tinha sido anunciado quando este livro estava sendo escrito.

O talento de Kevin como escritor, produtor e desenvolvedor de novos conceitos é coisa dos... bem, dos lendários projetos da Disney. Penso em Kevin Rafferty como o protótipo do Imagineer, um membro altruísta, uma fonte de ideias criativas, um professor de jovens talentos. Ele representa muitos dos traços sobre os quais escrevi neste livro: é movido pela paixão, ama colaborar, é procurado como mentor e está sempre se esforçando para sonhar novos conceitos... e realizá-los!

Quando eu li o "ensaio de sete páginas" que Kevin me mandou, percebi que era a maneira perfeita de concluir este livro. E, assim, para "A última palavra", tenho o privilégio de apresentar "O que eu sei agora que desejaria ter sabido naquela época", do Imagineer Kevin Rafferty:

O que eu sei agora que desejaria ter sabido naquela época

Marty Sklar dizia frequentemente que Walt Disney tinha um pé no passado e outro no futuro. É exatamente como me sinto agora, como um Imagineer de longa data. Quando comecei minha carreira na WED Enterprises, em 1978, havia no mundo apenas dois parques temáticos Disney. Hoje são doze, sem contar parques aquáticos, resorts, navios de cruzeiro e muito mais. Nesse caminho, a Imagineering teve muitos sucessos e poucos fracassos. Depois de todos esses anos, cheguei à conclusão de que é essencial avaliar com cuidado e aprender com os sucessos e fracassos do passado antes de projetar para o futuro. Saber o que funcionou, o que não funcionou e o porquê são coisas que devem orientar todos os próximos passos.

Há uma enorme diferença entre aprender com o passado e viver no passado. Algumas pessoas querem que os Imagineers recriem coisas que já não existem exatamente como carinhosamente se lembram delas: entre essas coisas, a Tomorrowland, de 1967. Mas, ironicamente, reconstruir a Tomorrowland (Terra do Amanhã) exatamente como era há cinquenta anos criaria uma "Yesterdayland" (Terra do Ontem), e trazer de volta, hoje em dia, aquela terra do amanhã seria viver no passado. Para os Imagineers atuais, manter as lições de ontem nos projetos para o amanhã é o bastante.

O que havia no centro dos projetos do passado que as pessoas amaram tanto a ponto de quererem que sejam trazidos de volta? E o que está no centro dos nossos projetos mais recentes que os torna tão bem-sucedidos? A resposta a essas duas perguntas pode ser encontrada nos princípios de criação fundamentais estabelecidos por nossos predecessores na Imagineering. Isso não quer dizer que devemos fazer tudo a partir de uma perspectiva antiquada e não sonhar ou fazer nada novo.

Mas esses princípios atemporais ainda se aplicam hoje. Contar histórias é tão antigo quanto a humanidade, porque os seres humanos sempre têm novas histórias para contar. As melhores e mais memoráveis histórias sempre têm como base uma estrutura fundamental, comum. Levei muitos anos para consolidar o que considero a fórmula perfeita para criar uma nova atração ou mesmo um parque de sucesso, e tudo se resume a um teatro bem pensado e realizado, trazido à vida sobre o alicerce dos nossos princípios de criação testados e aprovados (e alguns novos). Em uma palavra: espetaculosidade.

Sinceridade e verdade

É bom fazer acreditar, mas não é certo ludibriar. Quando a Disney California Adventure foi inaugurada, nossos convidados eram saudados na entrada por uma Golden Gate Bridge estilizada, uma escultura metálica e pontiaguda do sol que flutuava acima de uma onda do "oceano" confinada em uma caixa, e por uma música popular contemporânea muito parecida com a que tinham escutado no carro antes de chegar ao parque. O dia da inauguração do Disney California Adventure Park foi resultado de um grande experimento, uma nova e diferente versão da ideia de "construa e eles virão".

Nossos convidados vieram de fato, mas muitos ficaram decepcionados porque esperavam se sentir em outro lugar, em outra época, como sempre se sentiram na Disneylândia. Não havia nada na entrada do California Adventure Park que lhes sugerisse que tivessem ido a um lugar diferente. O acréscimo posterior, muito necessário, da Buena Vista Street ao parque mudou isso, pois trouxe para a entrada um lugar caloroso e acolhedor, de outros tempos. Embora tenhamos inventado a Buena Vista Street do zero, ela é sincera em seu *placemaking* e crível porque todos os detalhes criativos foram baseados e inspirados em um lugar real e em um momento real: o instante em que Walt chegou a Los Angeles com uma mala de papelão na mão e um sonho no coração.

Não há nela extremidades pontiagudas e metálicas, contradições, intromissões visuais ou qualquer coisa estilizada que afastem o visitante da história. É pura espetaculosidade que, como a Disneylândia, apresenta a história do parque e acolhe o visitante de modo que ele se sinta seguro para deixar para trás os problemas do dia a dia e se entregar à magia.

Tempo e dinheiro

Nunca permita que o orçamento conduza suas ideias. A ideia deve conduzir a ideia. Isso não significa gastar a torto e a direito, sem levar em conta o custo. Você deve ser responsável e trabalhar dentro do orçamento estabelecido. Mas um bom projeto é bom não importa a cifra. Nossos convidados nunca vão dizer: "Eu amo essa atração porque os Imagineers a entregaram a tempo e dentro do orçamento". Nossos convidados vão adorar a atração porque é ótima e faz com que se sintam ótimos.

Se, por algum motivo durante a evolução de um projeto, você sentir que vai entregar algo medíocre por causa do orçamento ou de outra coisa, pare tudo. Reorganize. Repense. Sempre pretenda entregar nada menos do que a excelência.

Sistema centro-radial (*hub and spoke*)

Os nossos parques com castelos do Magic Kingdom funcionam bem do ponto de vista da circulação e da sinalização porque seguem a proposta original da Disneylândia do formato *hub and spoke*, ou centro-radial. O castelo, sendo um ícone irresistível, nos atrai pela Main Street até o centro do parque. Partindo do castelo como os raios de uma roda, estão os caminhos que conduzem às áreas periféricas. Como todo mundo sabe que "todos os caminhos" levam de volta ao castelo, ele se torna a estrela guia, que ajuda a encontrar o caminho de volta para casa. É por isso que você pode dizer à sua família e amigos: "A gente se encontra no castelo, ao meio-dia".

Há muitos anos, nossos convidados estão acostumados a essa facilidade de encontrar os caminhos e decidir os seus destinos. Nós deixamos os caminhos claros para eles. No entanto, quando o Animal Kingdom da Disney foi inaugurado, o trecho da entrada causou grande confusão. Os caminhos serpenteavam e a paisagem circundante era visualmente obstrutiva, de forma que o caminho não ficava claro. A intenção do projeto era imergir os visitantes rapidamente na folhagem densa de um mundo natural, porém a pretendida promessa de descoberta e aventura era, ironicamente, suplantada pelas dificuldades de descobrir o caminho. Não proporcionar um caminho claro ou uma wienie para guiar as pessoas à frente é, para mim, andar para trás.

Atenha-se às regras

Seja *sempre* fiel ao tempo e ao lugar que você está criando, em cada sentido, forma, contorno. Por menor que seja, uma contradição visual pode estragar tudo. Um dia, eu estava na Frontierland da Disneylândia; de longe, o armazém conservava sua credibilidade, o que me manteve naquele tempo e lugar. Mas, ao me aproximar, caminhando sobre as marcas de ferraduras na calçada do velho oeste, perfeita em todos os detalhes, fui subitamente lançado de volta ao presente. Por quê? Na vitrina do armazém geral do velho oeste, impecável na caracterização, havia um suporte rotativo exibindo dezenas de chinelos de dedo de borracha rosa. Mas o quê? Alguém chame o xerife!

Trabalho de equipe

Ronald Reagan disse: "É incrível o que você pode realizar se não se importar com quem receberá o crédito". Esqueça o crédito. Deixe qualquer desejo de notoriedade na porta de entrada, junto com seu ego. Nossas melhores atrações são aquelas que foram entregues por uma equipe unida que compartilhava uma visão e confiava em si mesma para oferecer a melhor experiência possível ao convidado. Quando os integrantes de uma equipe inspiram e encorajam uns aos outros e são motivados apenas pela força e promessa de uma grande ideia, a magia acontece. Uma vela de ignição não faz o carro andar. O trabalho em equipe é o motor que o levará ao seu destino.

Ouvir

Escute as necessidades e os desejos dos parques. Tudo bem projetar coisas a partir de devaneios, só pela diversão, mas é comum que esses conceitos terminem em uma gaveta se não houver um desejo do parque por algo como aquilo. O Blizzard Beach foi construído porque o Walt Disney World precisava de outro parque aquático. O Toy Story Midway Mania! foi construído porque o Disneyland Resort queria outra atração com jogos para famílias.

Escute seus colegas. Respeite suas ideias e anotações e reaja sempre de forma adequada. Estamos todos juntos nessa, mesmo quando não trabalhamos nos mesmos projetos. Quando a Imagineering falha, todos falhamos. Quando a Imagineering é bem-sucedida, todos somos bem-sucedidos.

Escute seus líderes. Ainda que, no início, você não concorde ou não enxergue o sentido ou o valor das considerações e conduções deles, mantenha a mente aberta. Durante o desenvolvimento inicial do Animal Kingdom Park, propus a Michael Eisner a ideia de uma apresentação em que Rafiki, o sábio do Rei Leão, apresentava uma visão perspicaz do reino animal dentro da Tree of Life. Michael não entrou nessa e sugeriu uma apresentação sobre insetos. A minha reação foi pensar: "Por que faríamos uma apresentação sobre insetos em um parque sobre animais?". Mantive a mente aberta e fiquei chocado quando abri a primeira página do primeiro livro que selecionei para pesquisar sobre insetos; dizia: "Os 10 quintilhões de insetos no mundo representam 80% do reino animal".

Escute a si mesmo. Se o seu instinto diz que há algo medíocre ou errado em um projeto que você está propondo ou no qual está trabalhando, ou se a sua intuição diz que vai ser algo divertido e especial, ela está certa nos dois casos. Nunca trabalhe ou proponha uma ideia pela qual você não seja louco. E, ao criar ou propor várias opções para uma ideia, esteja disposto a trabalhar naquela que é a sua menos favorita. Melhor ainda: não tenha uma ideia menos favorita.

Pesquisa, pesquisa e mais pesquisa!

Torne-se um especialista no tópico, personagens, lugar, época e tema de cada projeto em que trabalhar. A pesquisa informa, inspira e alimenta uma ideia e contribui para torná-la autêntica.

Resumo em uma sentença

Da perspectiva da concepção de uma ideia, a coisa mais difícil a fazer é resumir em uma única sentença a descrição e a história da ideia. Se você consegue fazer isso significa que já terminou a parte difícil, o difícil trabalho de base necessário para entender totalmente do que se trata. Com o dever de casa feito, você agora tem condições de comunicar com clareza aos outros a ideia.

Michael Eisner, que já foi executivo de criação da ABC, era a pessoa a quem os roteiristas faziam suas apresentações rápidas de filmes feitos para a TV. Fascinado por esse processo, eu uma vez lhe perguntei se ele se lembrava do resumo mais rápido e fácil de entender de um filme que o levara a dar instantaneamente a luz verde para a ideia. "Ok", ele respondeu. "A ideia é esta: um avião cheio de passageiros cegos cai no topo da montanha e eles têm que encontrar o caminho para a base."

Entendi. Blizzard Beach Water Park: "Uma estação de esqui é construída após uma estranha tempestade de neve no centro da Flórida, mas, quando o sol tropical voltou, fez as pistas de esqui derreterem".

Narração visual rápida de entender

A brevidade é a chave para um bom projeto de parque temático. Às vezes, você só tem quatro minutos para contar toda a história de uma atração. No Mystic Manor da Disneylândia de Hong Kong, há um breve e perfeito momento de narrativa visual que ajuda a preparar a história da atração. De frente para a mansão, claramente visível da fila, há uma pequena estação de trem da qual sai um trilho secundário em direção à plataforma das "entregas", atrás da mansão. No trilho, tem um carrinho de mão para carga sobre o qual há antiguidades exóticas que estão sendo entregues à mansão. A história da atração é sobre uma coleção de antiguidades que ganham vida.

Você não pode escrever uma história de duzentas páginas e esperar que alguém compreenda como todos os elementos formam uma ideia. Aprenda a descartar as coisas de que você gosta para fazer a história melhor, mais clara, fácil de entender. Use menos diálogo de personagens e mais ação e narração visual rápida de entender. Cada cena em Radiator Springs Racers dura exatamente 10,4 segundos. Mater corre para cumprimentar cada carro que entra a cada 10,4 segundos, e faz isso repetidas vezes, o dia todo, todos os dias.

Procure em cada canto oportunidades de contar histórias

O Imagineer Jason Grandt foi encarregado de alargar uma porta dentro de uma loja com tema de piratas no Magic Kingdom do Walt Disney World. O motivo da ampliação da porta em arco eram novas exigências de segurança. Jason poderia simplesmente ter alargado a abertura em 60 centímetros e ninguém teria percebido a diferença. Mas ele usou isso como uma grande oportunidade para contar uma história. Hoje a porta é mais larga. Mas a razão é que uma bala de canhão, ainda alojada na parede, criou tanto impacto que fez 60 centímetros da parede caírem!

A orquestração perfeita de todos os elementos do espetáculo

A verdadeira arte da Imagineering só é conseguida quando há uma orquestração perfeita de todos os elementos incluídos no projeto. Há riqueza na sutileza. Não é porque um personagem Audio-Animatronics é projetado com um monte de funções que ele deve ser programado para se mover como um louco, a fim de exibir todos esses movimentos. São "atores", e atores atuam – não apenas se movem.

Os instrumentos de iluminação devem apenas chamar a atenção para o que você quer que o público veja. Se tudo em uma cena é iluminado igualmente, ninguém sabe para onde olhar. Monte uma cena de modo que o público se concentre no momento mais importante. Se o espectador está em um carrinho, entra na cena e precisa olhar por cima do ombro para achar a ação ou a história, você falhou. O áudio é um equilíbrio delicado. Fundo musical, efeitos sonoros e diálogos de personagens nunca devem competir uns com os outros. Nunca exiba ou chame a atenção para a tecnologia pela tecnologia. A tecnologia deve servir à atração, não ser a atração.

Bom teatro

A pura arte de contar histórias está em manter o público sob o "feitiço" durante todo o tempo. Se algo não parece certo ou interrompe o momento de imersão, você falhou. Você não precisa gastar muito dinheiro: criação cênica e encenação inteligentes podem fazer o truque. Se a pintura cênica criar a ilusão de painéis de parede de madeira ou uma paisagem urbana inteira vista através de uma janela, você não precisa construir em tamanho real. Se você tem de construir algo em tamanho real, construa apenas uma parte suficiente para torná-lo crível.

Nunca chame a atenção para as áreas às quais não quer que o público olhe. As grandes atrações vêm com necessidades feias, como tubos de ar-condicionado, painéis de teto e conduítes suspensos. Se você quer que esses detalhes feios sumam, mantenha os olhos do público no espetáculo!

As grandes atrações têm uma variação de cadência e ritmo, partes rápidas e lentas, grandes espaços e pequenos espaços. Se uma sinfonia fosse escrita com a mesma emoção e tom do começo ao fim, seria chata. Uma direção de arte coerente é fundamental. Escolha uma linguagem de design visual e não se afaste dela. Se sua atração apresenta, por exemplo, quatro estilos diferentes de personagens, a credibilidade da experiência é comprometida.

Tranquilidade

Uma grande atração de parque temático permite que os convidados experimentem algo que não costumam experimentar no cotidiano. Eu nunca voaria de asa delta, mas amo Soarin' Over Califórnia porque posso eliminar todo o medo e ainda sentir a sensação que a asa delta traz.

É um mundo pequeno

Tenha respeito e crie e projete cada experiência para que todas as culturas e línguas possam aproveitar.

Adquira experiência no campo

Nada fornece mais condições para boas ideias, boa resolução de problemas e bom design como a experiência de campo. Para ser o melhor que você pode ser, precisa ter experiência em uma equipe que leva um projeto do começo ao fim, até o dia da inauguração. Nenhum talento ou intuição chega perto da experiência adquirida no local de um projeto.

Saiba quando parar de projetar

A Imagineering é uma grande máquina que, uma vez tendo começado a produzir um projeto, se lança em velocidade máxima à frente, com foco, paixão e propósito. Faz-se necessária a união de muitos cérebros e mãos para trazer um sonho à vida, de forma que os membros da equipe de cada área têm de fazer sua parte para aplicar sua perspectiva e sua competência em todas as fases de um projeto.

A partir do momento em que essa orquestra começa a se afinar, mudanças constantes por parte da criação podem ser caras e prejudiciais para todos os envolvidos. Não há problema em fazer pequenas mudanças durante a evolução do projeto, já que coisas inesperadas sempre acontecem; no entanto, grandes mudanças e redirecionamentos no meio do caminho significam que a ideia não era bem estruturada para começo de conversa. Seja inteligente quanto ao início do projeto. Seja rigoroso. Não continue projetando e pensando demais após o fim da fase de criação. Reúna as tropas em torno de uma ideia boa e sólida e diga: "Nós vamos fazer assim!".

Design responsável

Uma coisa é ter uma ótima ideia para uma atração ou para um parque inteiro; tirá-la do papel, construí-la é uma coisa totalmente diferente. Você tem que fazer os cálculos, a engenharia e a integração de todos os elementos que vão compartilhar o espaço; e isso é só a ponta do *iceberg*.

Por exemplo, em um dia movimentado, um parque da Disney recebe 50 mil convidados. Então, você pode ter a melhor ideia de todos os tempos para uma atração, mas, se ela só puder acomodar vinte convidados por hora, não vai acontecer. Um convidado confortável é um convidado feliz. Pense em sombra, carrinhos confortáveis, boa sinalização para entrar e se mover pelo parque, áreas para descansar e muito mais. Um bom projeto tem tudo a ver com solução de problemas.

Nunca diga: "Vamos fazer isso depois" ou "Na hora, a gente conserta". Resolva todos os problemas logo de cara.

Acerte de primeira

O trabalho dos Imagineers é difícil. O nosso tipo de entretenimento, tridimensional e totalmente imersivo, é a mais difícil entre todas as formas de entretenimento porque as nossas criações são de tijolo e argamassa, construídas para durar. Diferentemente do teatro ao vivo, em que algo pode ser mudado da noite para o dia se não estiver funcionando, ou um filme, que, se fracassa, pode ser tirado dos cinemas, ou um programa de TV, que pode ser cancelado depois de uma temporada malsucedida e esquecido, os nossos parques e atrações são um compromisso físico. Nós temos de acertar de primeira, sempre. Mas eis a parte maravilhosa disso: como não criamos para uma tela bidimensional (onde tudo acontece simplesmente porque pode acontecer), quanto mais mágica e surpreendente pudermos tornar a experiência no mundo físico, mais mágica ela será!

Epílogo

Você achou mesmo que eu deixaria Kevin ter "a última palavra"? Somos amigos há muito, muito tempo – eu prezo bons lavadores de louça –, mas realmente adoro a maneira como fechamos as minhas memórias, *Dream It! Do It! My Half-Century Creating Disney's Magic Kingdoms*. Assim, perguntei a Wendy Lefkon, diretora editorial da Disney Editions, se poderíamos terminar este livro da mesma forma – com um desafio para cada um de vocês que gostam de "se arriscar" e que não aguentam esperar pela próxima página em branco:

Há duas maneiras de olhar para uma folha em branco

Isso se tornou uma espécie de clichê dos meus anos na Imagineering. "Há duas maneiras de olhar para uma folha em branco", eu disse.

"Você pode vê-la como a coisa mais assustadora do mundo – você precisa fazer a primeira marca nela. Ou pode ver a página em branco como a maior oportunidade – você tem a chance de fazer a primeira marca nela. Você pode deixar a imaginação voar em qualquer direção. Você pode criar novos mundos."

Eu nunca me importei que isso tenha se tornado um clichê. Lembro-me do comentário que George Lucas fez em uma reunião sobre a atração Star Tours: "Não fuja dos clichês", disse George. "Eles são clichês porque funcionam!"

Comemoramos a importância desta abordagem em um rascunho de 23 por 30 centímetros, impresso com o texto e a imagem na próxima página. Meu amigo, o artista John Horny, forneceu o esboço oficial da história. Tirando a página inicial, todas as páginas estavam em branco.

A COISA MAIS ASSUSTADORA DO MUNDO

A vida é como uma... folha de papel em branco; você nunca sabe o que ela pode ser até pôr alguma coisa nela!

Vá em frente, faça alguma coisa empolgante na próxima página. Eu a deixei em branco para você. Aqui está a sua chance de ser um/uma Imagineer!

Elenco dos Imagineers participantes

Este livro não teria sido possível sem a colaboração por escrito que recebi dos seguintes 75 Imagineers (atuais, aposentados e anteriores). Muitíssimo obrigado a todos vocês!

Jess Allen
Alfredo Ayala
Glenn Barker
Chris Beatty
Yves Benyeta
Barry Braverman
Fintan Burke
Jim Clark
Oscar Cobos Jr.
Lori Coltrin
Paul Comstock
Dave Crawford
Brian Crosby
Tim Delaney
Debbie DelMar
John Dennis
Andy DiGenova
Stan Dodd
David Durham
Maggie Elliott
Eli Erlandson
Peggie Fariss
Dave Fisher
Tom Fitzgerald
Omar Fuentes
Laurence Gertz
Josh Gorin
Bob Gurr
George Head
Joe Herrington
Zsolt Hormay
Shelby Jiggetts-Tivony
Daniel Joseph
Daniel Jue
Michael Jung
Marty Kindel
Zofia Kostyrko-Edwards
Aileen Kutaka
Gordon Lemke
Kathy Mangum
Nelson Meacham
Steve Miller
Chris Montan
Tom Morris
Kym Murphy
Brian Nefsky
Larry Nikolai
John Olsen
Diego Parras
Abe Quibin
Kevin Rafferty
Tom Rodowsky
Joe Rohde
Chris Runco
Craig Russell
Diane Scoglio
George Scribner
Cory Sewelson
Steve "Mouse" Silverstein
Theron Skees
Lanny Smoot
Eddie Sotto
Mickey Steinberg
Dex Tanksley
Dorisz Tatar
Jim Thomas
Val Usle
Michael Valentino
Bruce Vaughn
John Verity
Bob Weis
Coulter Winn
Doris Hardoon Woodward
Owen Yoshino
Susan Zavala